I0039618

# LA POLITIQUE DE L'EMPEREUR
# EN ALGÉRIE

DU MÊME AUTEUR :

HISTOIRE DE L'ÉMIGRATION EUROPÉENNE, ASIATIQUE ET AFRICAINE au dix-neuvième siècle, ouvrage couronné en 1861 par l'Académie des sciences morales et politiques. 1 volume in-8°, 7 fr. 50. (Guillaumin.)

LES COLONIES ET LA POLITIQUE COLONIALE DE LA FRANCE, avec deux cartes (Sénégal et Madagascar). 1 volume in-8°, 7 francs. (Arthus Bertrand.)

DISCOURS SUR LES RAPPORTS DE LA GÉOGRAPHIE AVEC L'ÉCONOMIE POLITIQUE, 1864. 3 francs. (Guillaumin et Arthus Bertrand.)

L'ALGÉRIE, tableau historique, descriptif et statistique, avec une carte de la colonisation algérienne, 1859. 3 francs. (Hachette.)

CATALOGUE EXPLICATIF ET RAISONNÉ DES PRODUITS ALGÉRIENS. 1 volume in-8°, 1855. 2 francs. (Challamel.)

GHEEL, ou une Colonie d'aliénés vivant en famille et en liberté. 1 volume in-12, 1860. 2 francs. (Guillaumin.)

L'ÉCONOMISTE FRANÇAIS, journal hebdomadaire, politique et financier, organe des intérêts métropolitains et coloniaux. Paris, 18 francs ; — Départements et Algérie, 22 francs ; — Colonies et étranger, 25 francs. — Bureaux, rue du Faubourg-Montmartre, 15.

Années 1862 et 1863 (in-4°), brochées, chacune, 15 francs.

— 1864 et 1865 (in-folio), brochées, chacune, 20 francs.

PARIS. — TYPOGRAPHIE HENNUYER ET FILS, RUE DU BOULEVARD, 7.

# RÉFLEXIONS

SUR LA

# POLITIQUE DE L'EMPEREUR

# EN ALGÉRIE

PAR

**M. JULES DUVAL**

ANCIEN MEMBRE ET SECRÉTAIRE DU CONSEIL GÉNÉRAL DE LA PROVINCE D'ORAN

DIRECTEUR DE *L'ÉCONOMISTE FRANÇAIS*

1852. Nous avons en face de Marseille un vaste royaume à assimiler à la France.
(*Le Prince-Président* Louis-Napoléon.)

1865. L'Algérie est un royaume arabe, une colonie européenne et un camp français.
(*L'Empereur* Napoléon III.)

PARIS

CHALLAMEL AINÉ, LIBRAIRE-ÉDITEUR

COMMISSIONNAIRE POUR L'ALGÉRIE ET L'ÉTRANGER

**30, rue des Boulangers**

1er JANVIER 1866

# TABLE DES MATIÈRES


QUELQUES MOTS. . . . . . . . . . . . . . . . . . . . . VII

LA POLITIQUE DE L'EMPEREUR NAPOLÉON III EN ALGÉRIE . . . . . . . . . . . . . . . . . . . . . 1

I. Les bases de la lettre impériale.. . . . . . . . . . . . 2

II. Esprit général de la lettre impériale . . . . . . . . . 8

III. Le programme général de la lettre impériale. . . . . . 16

IV. La lettre impériale et les Arabes. . . . . . . . . . . . 25

1. La nationalité arabe . . . . . . . . . . . . . . . . 27
2. La religion musulmane. . . . . . . . . . . . . . . 37
3. Condition sociale et morale des indigènes.. . . . . . 48

État ancien.. . . . . . . . . . . . . . . . . . 49
État actuel. . . . . . . . . . . . . . . . . . . 50

Justice . . . . . . . . . . . . . . . . . . 51
Propriété, successions. . . . . . . . . . . . 54
Polygamie et divorce . . . . . . . . . . . . 55
Administration. . . . . . . . . . . . . . . 57

4. Condition économique des indigènes. . . . . . . . . 59

Fausses explications de leur misère . . . . . . . *Ib.*
Usure. . . . . . . . . . . . . . . . . . . . 62
Impôt.. . . . . . . . . . . . . . . . . . . . 64
Frais de justice . . . . . . . . . . . . . . . 67
Locations domaniales . . . . . . . . . . . . . 69
Dépossession. . . . . . . . . . . . . . . . . 70
Insuffisance des terres. . . . . . . . . . . . . 74

Vraies causes de leur misère. . . . . . . . . . . 75
Communisme, indivision. . . . . . . . . . . 76
Fainéantise, inertie. . . . . . . . . . . . . 80
Polygamie, instabilité du mariage. . . . . . . 83
Enfouissement de l'argent. . . . . . . . . . 85
Dissipation. . . . . . . . . . . . . . . . . 86
Corvées, réquisitions. . . . . . . . . . . . 87
Exactions des chefs. . . . . . . . . . . . . 89
Part vraie de la civilisation. . . . . . . . . . . 93
5. Mesures proposées. . . . . . . . . . . . . . . . 95
V. La lettre impériale et la colonisation. . . . . . . . 102
1. Éducation des indigènes. . . . . . . . . . . . . 106
2. Régime commercial. . . . . . . . . . . . . . . 108
Douane. . . . . . . . . . . . . . . . . . . 109
Octroi. . . . . . . . . . . . . . . . . . . 111
3. Régime financier. . . . . . . . . . . . . . . . 114
Impôt. . . . . . . . . . . . . . . . . . . . 115
Crédit. . . . . . . . . . . . . . . . . . . 123
4. Régime administratif. . . . . . . . . . . . . . 126
5. Les établissements des colons. . . . . . . . . . 131
6. Travaux publics. . . . . . . . . . . . . . . . 143
7. Mesures proposées. . . . . . . . . . . . . . . 147
VI. La lettre impériale et la domination. . . . . . . . 154
VII. Conclusion. . . . . . . . . . . . . . . . . . . 169
L'Algérie en 1830 et en 1865. . . . . . . . . . . . 179
Note A. Sur un correspondant de l'Empereur. . . . . 183
Note B. Sur l'antipathie des Kabyles contre les Arabes. . *Ib.*

---

# QUELQUES MOTS

Les RÉFLEXIONS qui suivent ne sont inspirées par aucun parti, ancien ou nouveau; l'auteur étant resté étranger dans sa jeunesse à la politique militante des partis, ce n'est pas dans la pleine maturité de l'âge qu'il s'enrôlerait sous leur bannière. Ces pages sont l'œuvre d'un homme qui professe envers le gouvernement de son pays tous les sentiments d'un loyal citoyen; aussi ne lui a-t-il pas coûté de mettre dans son langage le ton de respect et la modération de critique qui conviennent particulièrement envers le Chef de l'Etat. Mais parmi ces sentiments légitimes il compte aussi le devoir de dire sincèrement ce qu'il croit la vérité sur la pensée impériale elle-même, quand il la voit s'engager dans une direction à ses yeux pleine de périls pour la France.

C'est la douloureuse impression que j'ai ressentie en lisant la lettre de l'Empereur au maréchal de Mac-Mahon; et aussitôt j'ai pris la plume avec un zèle qu'ont redoublé le silence de beaucoup de publicistes qui devaient parler, l'acclamation systématique de certains autres, la fermeté courageuse de quelques-uns.

Je n'ai pas cru qu'il y eût témérité de ma part à prendre la parole dans cette circonstance.

Dès l'année 1847 je me suis engagé, librement et par goût, dans l'étude théorique et pratique de la question algérienne, que je n'ai pas depuis cette date perdue de vue un seul jour : tout à tour colon, voyageur, journaliste, orateur de conférences, membre et secrétaire de conseil général, rapporteur de jurys et de commissions, auteur de livres, de mémoires et d'articles, lauréat de l'Académie des Sciences morales pour une *Histoire de l'Emigration au dix-neuvième siècle*, fondateur et directeur d'un recueil spécialement consacré à la politique coloniale, ayant depuis près de vingt ans porté l'Algérie dans mon cerveau et dans mon cœur, j'ai pensé que ces divers titres m'autorisaient à intervenir dans le débat, même à l'encontre du programme de l'Empereur. Le lecteur jugera si j'ai trop présumé de ma compétence; il excusera tout au moins, je l'espère, mon patriotisme.

Ceci du reste n'est que l'introduction d'un travail plus considérable qui remettra sous son vrai jour, avec le cortége de preuves et de développements nécessaires, L'ŒUVRE DE LA FRANCE EN ALGÉRIE, œuvre glorieuse et utile entre toutes, dont j'ai résumé les principaux traits dans les pages qui terminent cet écrit.

J. D.

*N. B.* Une partie seulement des *Réflexions* a paru dans L'ÉCONOMISTE FRANÇAIS, en novembre et décembre 1865.

# LA POLITIQUE

DE

# L'EMPEREUR NAPOLÉON III

# EN ALGÉRIE

Nous venons à notre tour dire notre opinion sur la politique exposée dans la lettre de l'Empereur au duc de Magenta. En livrant à la publicité ce manifeste, le chef de l'Etat nous paraît en avoir désiré la libre discussion ; et nous croyons mieux répondre à son appel par un loyal examen que par une aveugle et hyperbolique approbation. Comme tout lecteur nous admirons la vigueur de la pensée, la fermeté du style, la franche confession des fautes, le puissant enchaînement des idées, et surtout cette attaque résolue et profonde du problème algérien, jusqu'à ce jour insoluble énigme posée aux gouvernements français. Au voyage terminé le 10 juin succédait, dès le 20 juin, un plan complet en soixante-dix pages, qui ont dû être rédigées et imprimées en moins de dix jours ; des communications confidentielles ce plan passe, au bout de quelques mois, à la plus entière publicité, et promet une exécution très-prochaine. Condenser en quelques mois l'observation, la méditation, l'action, c'est s'appliquer à soi-même la formule de César : *Je suis venu, j'ai vu, j'ai vaincu*, et une pareille gloire doit être enviée par l'historien de Jules-César.

Tout en applaudissant à ce noble dessein, nous devons examiner quelle est la base des faits, quel est l'esprit général du plan de réforme, et quelle est la valeur des principales combinaisons projetées, à l'égard des indigènes, des colons et de l'armée.

## I. Les Bases de la lettre impériale.

La conquête d'un pays est quelquefois plus facile que celle de la vérité, qui ne se rend qu'à celui qui a *bien vu*. Or, un souverain, quelles que soient sa volonté, son activité, son intelligence, est exposé à ne pas bien voir, et surtout à ne pas tout voir, en trente jours de marche (du 3 mai au 7 juin). L'Empereur n'a pas échappé à cette conséquence fatale de la brièveté du temps et du prestige des souverains. Il n'entrait pas dans ses plans de révéler au public le système que depuis longtemps sa pensée avait conçu et mûri, et dont il venait étudier sur place les moyens de réalisation ; dès lors personne n'a été par lui interrogé sur les principes et les détails de ce système ; personne n'a pu éclairer ses doutes, ou dissiper ses illusions : les colons ont déployé un zèle infini à lui montrer avec candeur, avec enthousiasme, leurs travaux, leurs progrès, leur prospérité naissante, leur expansion continue, tandis que les indigènes, d'instinct sans doute plus fins courtisans, lui ont étalé, en l'exagérant même, leur misère, pour toucher son cœur. De là une impression bien opposée à celle que les colons attendaient. Ce contraste, dû tout entier à une différence d'activité et de civilisation, l'Empereur l'a attribué à une inégalité de protection et un manque de justice.

Rentré en France, l'Empereur a voulu contrôler ses vues par l'opinion des ministres et du gouverneur général (nous apprend une note de l'éditeur), et aussi d'un certain nombre de hauts personnages. En ceci également l'auguste écrivain n'a réussi qu'à moitié. S'il a recueilli bon nombre d'observations justes (et en collationnant, phrase pour phrase, le nouveau texte avec le premier, nous constatons quelques modifications importantes), il n'a pu apprendre de ses conseillers officiels ce que lui auraient dit les colons eux-mêmes, si S. M. eût daigné leur demander leur sentiment, dans la personne de leurs représentants les plus autorisés, tels que les présidents des conseils généraux, des chambres d'agriculture et de commerce, les maires des grandes villes : l'Empereur eût appris bien des vérités, ignorées ou mal connues des notabilités politiques et militaires vivant en France, et parlant trop souvent d'après des souvenirs lointains, ou des préventions de métier, ou des informations superficielles.

Un autre contrôle s'était spontanément offert à l'Empereur : celui de la presse. Il n'en a pas profité. Entre les publicistes indépendants qui avaient discuté ses projets, révélés par les indiscrétions de M. Emile de Girardin, et connus par des communications auxquelles n'échappe pas une confidence à deux cents exemplaires, il en était deux, particulièrement (sans parler de plusieurs autres), dont la compétence spéciale n'était guère contestable, l'un et l'autre délégués en 1863 par la population civile de l'Algérie pour soutenir ses droits. Le premier est M. le docteur Warnier, ancien membre du conseil du gouvernement de l'Algérie. Une série de vingt-deux articles publiés dans l'*Opinion nationale* attestait une parfaite connaissance de tous les éléments de la question algérienne, comme peuvent la donner à une intelligence supérieure trente ans d'observations directes, dans les positions les plus propices et dans toutes les parties de l'Algérie. Le second publiciste (pourquoi ne le nommerais-je pas?), dont le témoignage ne peut être sans valeur, c'est le directeur même de l'*Economiste français*, pendant quatre ans membre et secrétaire du conseil général de la province d'Oran, et depuis dix-huit ans intimement identifié avec la question algérienne, tant par des travaux pratiques de colonisation que par des études disséminées dans les journaux et les revues les plus accrédités[1] ou condensées dans des livres ; j'ai redressé dans l'*Economiste* diverses erreurs de la brochure impériale, dont un exemplaire était parvenu en mes mains. La discussion de M. Warnier et la mienne, bien que faites avec une mesure irréprochable, ne paraissent pas avoir été mises sous les yeux de l'Empereur ; si, dans la nouvelle édition de sa lettre, se trouvent des passages modifiés dans le sens de nos propres jugements, d'autres ont survécu, entachés d'erreurs matérielles de faits et de chiffres, dont la révision eût suivi certainement la simple lecture de nos travaux.

A défaut d'une enquête auprès des Algériens, de leurs

[1] Le *Journal des Débats*, la *Revue des Deux Mondes*, le *Journal des Économistes*, le *Journal d'agriculture pratique*, etc.

représentants ou de leurs délégués, l'Empereur a-t-il du moins écarté des témoignages indignes de confiance, et qui lui paraîtraient suspects s'ils s'offraient à lui pour son *Histoire de Jules-César?* Hélas! non. — A la page douze (nouvelle édition de la Lettre) figure, comme fournissant de *précieux renseignements*, une lettre dont l'auteur s'était dit *ancien officier* dans la première édition, et qui, dans la nouvelle, n'est plus qu'une *personne*. Ce prétendu officier, l'*Echo d'Oran* en dit le nom, vu que sa lettre avait figuré, il y a deux ans, dans le *Courrier d'Oran* avec la signature de l'auteur[1] : c'est M. Cusson, qui aurait pu ajouter à l'énumération de tous ses services l'honneur d'avoir été condamné à six mois de prison en 1850, dans le procès des Bons Cousins d'Oran, sur les poursuites de M. Robinet de Cléry, aujourd'hui procureur général d'Alger. Que M. Cusson, soldat de la légion étrangère, en 1837, ait servi dans le camp d'Abd-el-Kader (il ne dit pas comment ni à quel titre), qu'il se soit plus tard affilié à une société secrète incriminée de complot contre l'Etat, on peut bien ne voir dans ces écarts que des fautes de jeunesse[2], mais

[1] Voir la note A, à la fin de l'écrit.

[2] Dans sa lettre, M. Cusson se donne comme *habitant l'Algérie depuis vingt-huit ans, soit comme militaire, soit comme colon.* Ne dirait-on pas quelque vieil et respectable officier retraité? — Or, en ouvrant les procès-verbaux du procès des Bons Cousins, pour suppléer à ma mémoire (en ma qualité d'ancien magistrat, j'avais été chargé, en cette cause, de la défense de cinq à six accusés), je trouve qu'il avait à cette époque vingt-neuf ans; il en a donc quarante-quatre aujourd'hui, dont huit passés au camp d'Abd-el-Kader, sous le nom de Mahmoud, au plus fort de la guerre contre les Français. — Dans sa lettre à l'Empereur, M. Cusson prend le titre de

ne doivent-ils pas priver de l'honneur insigne d'être cité comme une autorité par l'Empereur?

J'ai sous les yeux le duplicata d'une lettre signée le 7 février 1852 par le maréchal de Saint-Arnaud, et émanant du ministère de la guerre (1er bureau, administration générale et affaires arabes, n° 2,435), au sujet d'une pétition d'un sieur Contador. On y lit ceci :

« Vous reconnaîtrez, d'après ces renseignements, monsieur, qu'il ne saurait être donné aucune suite à une pétition qui, comme les pompeux articles publiés dans les journaux d'Oran, ne peut être considérée que comme l'œuvre de la complaisance. Cette pétition et ces articles ont pour auteur un sieur Cusson, ancien soldat à la légion étrangère, compromis dans le procès des Bons Cousins, que son esprit exalté, vantard et léger rendait propre à tous égards à la mission que lui a confiée le sieur Contador. »

Enfin, le jugement de séparation de corps que le tribunal d'Oran a prononcé, le 5 mars 1862, contre le sieur Cusson, sur la poursuite de sa femme, est motivé sur ce qu'il résulte de l'enquête que le mari avait fait subir des mauvais traitements, et dit des injures à plusieurs reprises, à sa femme.

Tel est l'homme qui s'est présenté à l'Empereur comme un témoin contre l'administration civile, contre les colons, contre les publicistes algériens ou français, et qui a obtenu crédit pour ses conseils sur la réforme des lois et des mœurs ! Evidemment on a laissé ignorer à l'Empereur tous ces antécédents de M. Cusson.

Une seconde autorité invoquée par l'Empereur est M. Georges Voisin (page 27). La critique historique a

*citoyen français*, qui ne lui appartient pas, car il est né à Mons (Belgique) et n'a pas été naturalisé.

droit de le récuser, parce que c'est un pseudonyme, qui, malgré les démentis multipliés donnés à son livre, n'a jamais osé lever la tête et se faire connaître. Si, comme la renommée le prétend, l'auteur est un ancien chrétien, qui a jugé à propos, à l'âge de trente ans, de se faire circoncire par amour du Coran, et a depuis lors tenu un langage et une conduite en parfait accord avec ces précédents, est-ce que ses déclarations en faveur des musulmans et ses imputations contre les chrétiens méritaient l'honneur d'être acceptées comme articles de foi par la plume impériale ! L'Empereur est mieux placé que personne pour pénétrer ce mystère, et, en attendant, M. Warnier surprend ledit Georges Voisin en flagrant délit de falsification du texte officiel qu'il a la prétention de citer[1].

Une note sur le service du domaine, dans la subdivision de Mostaganem, trahit à la simple lecture des exagérations manifestes ; et nous sommes autorisé à en suspecter l'exactitude, en voyant que le directeur de ce service depuis bien des années, l'honorable M. Bex, a été promu, par l'Empereur, lors de son passage à Oran, au rang d'officier de la Légion d'honneur. Si la moitié seulement des iniquités que cette note reproche au service des domaines dans cette province était fondée, le chef aurait été révoqué et non pas élevé en grade.

En résumé, l'Empereur, bien renseigné à beaucoup d'égards, a été trompé sur plusieurs hommes et sur plusieurs points. Il n'a pu tout voir, et parfois il n'a pas bien vu. Eternelle histoire des voyages des souverains !

Une enquête à ciel ouvert eût seule été efficace ; les

[1] Voir page 182 de *l'Algérie devant l'Empereur*, par M. Warnier.

divers intérêts y auraient plaidé leur cause, tandis que l'investigation personnelle de l'Empereur sur la colonisation a manqué de toutes les lumières que lui auraient fournies les colons, directement interrogés sur les insinuations dont ils étaient l'objet à leur insu. Mais peut-être est-il encore temps de rectifier l'enquête particulière et à demi-secrète, par la discussion publique. Tel est du moins notre but et tel est notre espoir en écrivant ces pages.

### II. Esprit général de la lettre impériale.

L'idée inspiratrice de la lettre impériale est tout entière dans la première phrase : « La France possède l'Algérie depuis trente-cinq ans : il faut que cette conquête devienne désormais pour elle un accroissement de force et non une cause d'affaiblissement. » Cette pensée, que l'Algérie affaiblit la France, date de loin dans l'esprit de l'Empereur ; elle était écrite, il y a six ans, dans une lettre à M. de Persigny, dont M. Emile de Girardin s'est souvent fait une arme ; mais jamais elle n'a été développée, et pour en découvrir la justification, nous en sommes réduits aux hypothèses. Notre esprit cherche en vain ; nous n'en trouvons aucune qui accuse l'Algérie d'affaiblir la France.

S'agit-il de l'ordre politique ? Devant le monde, la France serait-elle plus puissante, plus redoutée ou plus considérée, si elle n'avait pas conquis et gardé l'ancienne régence d'Alger ? L'histoire contemporaine répond négativement : elle raconte les acclamations sympathiques qui, dans toute l'Europe (sauf l'Angleterre) et jusqu'en Amérique, accueillirent la prise d'Alger. La civilisation dans les deux mondes tressaillit de joie et félicita la France d'avoir extirpé la piraterie de son aire, rendu la sécurité aux chrétiens, la liberté aux mers. Depuis trente-cinq ans, la sympathie et l'estime universelles se sont accrues, en voyant cette terre jadis inhospitalière libéralement ouverte à toutes les races et à tous les cultes. Une nation ne saurait être politiquement diminuée pour avoir accompli un des actes les plus glorieux et les plus utiles de l'histoire moderne, dont Charles-Quint et Louis XIV, l'Angleterre et l'Espagne avaient en vain poursuivi l'honneur. Mais si la France n'avait pris les devants, quelque autre puissance aurait eu un jour ou l'autre des vengeances à exercer et un commerce à protéger. Doute-t-on que si l'Angleterre, poussée à bout, s'était à notre place emparée d'Alger, d'Oran, de Bougie, de Bone, notre rôle politique n'en fût fort amoindri? Vînt un jour de guerre, nos escadres seraient bloquées à Toulon par les flottes britanniques, maîtresses de tous les ports intermédiaires entre Gibraltar et Malte, en des positions tellement fortes, qu'une poignée de barbares y a défié toute la chrétienté pendant trois siècles. En temps de guerre, plus encore qu'en temps de paix, la Méditerranée ne serait plus qu'un lac anglais. — L'Algérie rend à la France l'immense service de lui assurer sur cette mer la pleine liberté de ses évolutions, cause de force et non de faiblesse.

S'agit-il de l'ordre économique? le *Tableau du commerce général de la France* pour 1864, qui vient de paraître, révèle une fois de plus le prodigieux développement du commerce algérien. En 1864, année médiocre pour les affaires, chacun le sait, l'Algérie (p. 29), a fait un commerce de **255** millions de francs (il faudrait écrire ces chiffres en caractères d'or pour les faire pénétrer dans l'esprit public !); dont 205 millions avec la France seule ! Et en 1830, ce chiffre n'était que de 2 à 3 millions ! Depuis 1830, le mouvement total du commerce algérien avec la France a atteint 3 milliards[1]. Parmi toutes les colonies anglaises si justement appréciées de la métropole, aucune (sauf une colonie aurifère) n'a en aussi peu de temps approché de ce niveau[2]. Grâce à ses 255 millions, l'Algérie figure au onzième rang des Etats qui importent en France ; elle est au septième rang pour les exportations de la France ; au huitième rang encore pour les importations et les exportations réunies. Elle n'est précédée dans cette hiérarchie que par les puissances limitrophes (Angleterre, Belgique, Suisse, Zollverein, Italie, Espagne). Loin donc d'affaiblir la France, au point de vue commercial, l'Algérie l'enrichit en lui procurant, à ses portes, un vaste et précieux marché commercial de 200 millions par an. Ce concours s'élève même à la hauteur d'une fonction politique, en ce que l'excitation donnée à la production et à l'échange par l'intercourse avec l'Algé-

[1] Voir dans le *Bulletin de la Société de géographie de Paris* (juillet-août 1865), notre rapport sur la collection des *Tableaux de situation des établissements français en Algérie*, et, plus loin, le paragraphe consacré aux colons.

[2] La Nouvelle-Galles du Sud, dont les Français ne manquent jamais d'exalter les progrès, n'est arrivée qu'au bout de soixante-quinze ans au niveau de l'Algérie. Un commerce annuel de 230 millions de francs, c'est le chiffre moyen de la période décennale 1850-1860 (Voir le *Rapport sur les colonies étrangères à l'exposition de Londres*, par M. Teston, page 37). Victoria seule doit à ses mines d'or d'être allée plus vite.

rie profite principalement au Midi, et fait contre-poids à l'attraction excessive de Paris, qui concentre dans la région du Nord le meilleur des forces vives de la France, aux dépens des extrémités. Ce service, nous l'avouons, paraît coûter cher, 60 à 80 millions par an. Mais le calcul est fort exagéré, car de ce gros chiffre il faut bien déduire les 30 millions de bénéfices (au taux modéré de 15 pour 100 sur 200 millions) que procure annuellement le commerce avec la France. Reste donc, suivant les années, 30 à 50 millions, uniquement consacrés à la domination militaire et que l'armée rembourse à sa manière, en faisant de la colonie une précieuse école de guerre, et en protégeant les créations civiles, destinées à devenir productives après leur période d'enfance.

Ce n'est pas, en effet, on doit le supposer, sous le rapport militaire que l'Algérie peut être accusée d'affaiblir la France. L'armée d'Afrique répondrait par les souvenirs encore vivants de Crimée, d'Italie, du Mexique. Grâce à une difficile conquête qui a duré vingt ans, la France s'est trouvée avec des généraux et des soldats admirablement prêts aux combats, en face d'ennemis et d'alliés entièrement déshabitués de la guerre.

Le seul grief qui reste contre l'Algérie résulte du budget : tout compte fait, elle coûte à la France, 40 à 50 millions par an, qu'elle ne paye qu'en force, en gloire, en travaux de premier établissement, pendant quelque temps improductifs. Sur un budget de 2 milliards que sont 50 millions? seulement la quarantième partie! Et personne ne croira que si la France se débarrassait de ce boulet, comme s'exprime M. de Girardin, de ce fardeau, comme dit l'Empereur, la France épargnerait cette somme. Officiers et soldats seraient, en majorité, transférés dans quelque autre garnison, et la meilleure part des millions serait appliquée aux embellissements de Paris ou en dotations aux compagnies financières! C'est encore un des mérites de l'Algérie de préserver la France de ces fautes, en forçant le gouvernement à assurer sur ce territoire fertile la part de l'avenir. Nous félicitons aussi l'Afrique française de contenir les témérités et les convoitises d'ambition qui entraînent quelques esprits vers la Belgique et les frontières du Rhin. Que cette extension de territoire arrive un jour à la suite d'un concert européen pour un remaniement général des Etats, nous ne devrons pas refuser ce don de la fortune; mais demandée à la violence ou à la ruse, elle soulèverait contre nous la coalition européenne, un risque pire que le profit! L'Algérie à défendre en cas de guerre maritime, est un frein qui oblige à la modération et à la patience: tant mieux! l'Algérie ne pourrait acquitter, sous une forme plus utile, sa dette envers la métropole.

Déclarons-le donc avec confiance, du moins jusqu'à ce que l'Empereur ait exposé les motifs de son arrêt: l'Algérie n'affaiblit pas la France, et ce qu'elle coûte en argent est largement payé en forces préparées pour la production et pour la défense nationale. Les Anglais, qui ont cinquante colonies dispersées dans le monde entier, ne les dénoncent pas comme un fardeau, parce qu'elles demandent quelques soldats, quelques marins et quelques millions. Toute fortune est à ce prix : il faut la garder!

La vérité est à côté de ce grief. Il est vrai que l'Algérie est pour le gouvernement français (et nullement pour la France) un embarras, un ennui et en quelque sorte un reproche, en ce que ni l'Empereur, ni aucun des pouvoirs antérieurs au sien n'ont pu découvrir le secret du système administratif qui convient à ce pays. Depuis trente-cinq ans la roue des systèmes tourne en vain, toujours à vide. D'où un air d'impuissance aux yeux de l'Europe, qui a blessé justement la susceptibilité de Napoléon III, qui l'a conduit en Algérie, qui a guidé sa plume et dicté sa lettre. L'énigme du sphinx, il a voulu à tout prix la résoudre et croit l'avoir bien résolue.

Pour nous en tenir aujourd'hui aux vues générales et avant d'entrer dans les détails de la solution, nous devons constater qu'elle a une portée plus haute et un caractère plus radical que ne croit son auteur qui « n'a pas, dit-il, la prétention d'inaugurer un système nouveau. »

A notre sens, la réforme proposée rompt avec le passé bien plus que ne l'annoncent ces paroles modestes. Depuis le jour, vers 1834, où la royauté d'Orléans adopta résolûment l'Algérie comme un territoire français, les colons européens avaient occupé le premier plan dans la confiance et les espérances des gouvernements : sous ce rapport, le nouveau programme met les Arabes au niveau des Européens ; il attend d'eux même fidélité patriotique que des Français. — Jusqu'à présent, à travers toutes les fluctuations administratives, il avait été admis que la colonisation européenne était destinée à s'insinuer de proche en proche dans toute l'Algérie, comme un salutaire ferment de régénération : le nouveau programme redoute, ajourne indéfiniment cette pénétration de la société arabe par les colons, et pour l'empêcher il trace des lignes et des règlements de séparation ; il cantonne les Européens. — Jusqu'alors on avait visé à saper peu à peu l'aristocratie arabe, à dissoudre la tribu, à pousser doucement les indigènes vers nos lois, nos mœurs, nos tribunaux; à faire, en un mot, de la démocratie et du progrès social au profit du peuple, dussent les chefs en être quelque peu amoindris : le programme impérial recommande au contraire le maintien de l'aristocratie, de la tribu, de la société arabe, et invite au respect même de l'*orgueil* des grands seigneurs indigènes.

Enfin, différence caractéristique et capitale entre la tradition et le nouveau système, il avait été admis par tous les généraux français les plus illustres, Bugeaud et Lamoricière en tête, dont nous citerons plus loin les paroles, que pour conserver l'Algérie, en cas de guerre de la France sur le continent, il ne fallait compter, outre l'armée, que sur la population européenne, dont il convenait dès lors d'accroître le nombre par un vigoureux essor imprimé à l'immigration et à la colonisation. Pour une telle éventualité, le programme impérial se fie sur les *maghzen,* c'est-à-dire sur les troupes arabes et musulmanes : aussi ne trahit-il aucune vive préoccupation de multiplier le nombre des émigrants et des colons, en vue de recruter parmi eux un sérieux complément des forces militaires.

En un mot, la politique antérieure aspirait avec modération à l'accroissement numérique des Européens, parce qu'en eux elle voyait la supériorité d'intelligence, de patriotisme, de travail, de sentiment national et d'intérêt privé. Le programme impérial n'en a pas souci, rassuré qu'il est par la docilité et la reconnaissance des indigènes, et au besoin par les maghzen, à titre d'auxiliaires de l'armée.

Quelques mots résument ces contrastes d'opinions, de tendances et d'action. Avant le programme, la colonisation prétendait avancer ; le programme lui prescrit de reculer de ses limites extrêmes, de s'arrêter dans ses limites moyennes et de se concentrer sur la ligne du littoral, à proximité des principales villes. La domination et l'occupation devaient être entières ; elles sont restreintes !

Justifiée ou non, — nous l'examinerons plus tard, — la réaction est complète. Le programme impérial renverse ce qui avait été jusqu'à ce jour le programme national et même le programme de tous les gouvernements, y compris l'Empire. En 1852, le prince-président disait au banquet de Bordeaux : « Nous avons en face de Marseille un vaste royaume à assimiler à la France. » Et pendant dix ans on a marché dans cette voie. En 1865, l'empereur Napoléon III ne parle plus que de juxtaposition.

Les colons algériens ont bien ainsi compris le sens du programme impérial, et ils seraient consternés, si une longue expérience ne leur avait appris que cette puissance invisible qu'ils appellent la *force des choses*, — et dont M. Warnier vient de démontrer l'action avec une vérité saisissante, sous le nom de Providence, — n'intervenait toujours à temps pour corriger les fautes des gouvernements et les ramener, à leur insu ou malgré eux, dans la bonne voie.

Il nous reste à rechercher, avec une respectueuse impartialité, quelle est, dans le nouveau manifeste, la part de la vérité et de la justice, et quelle est la part de l'illusion ou de l'erreur.

### III. Programme général de la lettre impériale.

La formule générale du programme impérial est irréprochable :

Gagner la sympathie des indigènes par des bienfaits positifs ;
Exercer sur eux une justice équitable et rapide ;
Augmenter leur bien-être ;
Développer en eux l'éducation et la moralité ;
Leur apporter les bienfaits de la civilisation ;
Ne pas pressurer leur pauvreté ;
Attirer de nouveaux colons par des exemples de prospérité réelle parmi les anciens ;
Utiliser les ressources de l'Afrique en produits et en hommes ;
Arriver par là à diminuer notre armée et nos dépenses.

Personne ne peut demander plus et mieux.

Le developpement, en thèse générale, du programme est aussi parfait :

« Les Européens doivent servir de guides et d'initiateurs aux indigènes :
Pour répandre chez eux les idées de morale et de justice ;
Pour leur apprendre à écouler ou transformer leurs produits ;
Pour leur apprendre à réunir les capitaux ;
— — à étendre le commerce ;
— — à exploiter les forêts et les mines ;
— — à opérer les desséchements ;
— — à faire les grands travaux d'irrigation ;
— — à introduire les cultures perfectionnées...
Les indigènes doivent seconder l'établissement des Européens, afin de trouver chez eux :

L'emploi de leur main d'œuvre ;
Le placement de leurs récoltes, de leurs bestiaux. »

Jamais colons n'ont autrement pensé ni parlé ; et, sur ce point, l'Empereur innove moins qu'il ne croit. « Deux opinions contraires, dit sa lettre, également absolues, et par cela erronées, se font la guerre en Algérie. L'une prétend que l'expansion de la colonisation européenne ne peut avoir lieu qu'au détriment des indigènes ; l'autre, que l'on ne peut sauvegarder les intérêts des indigènes qu'en entravant la colonisation. » Le programme impérial vise donc à réconcilier les colons et les Arabes, à faire disparaître les antipathies, à ne pas laisser dépouiller les derniers au profit des premiers, à établir entre les deux éléments de la population un concours réciproque. Une conclusion excellente repose sur des informations douteuses. Existe-t-il à Paris ou en Algérie une opinion qui professe « que l'on ne peut sauvegarder les intérêts des indigènes qu'en entravant la colonisation ? » Oui, sans doute, elle est le fond même du livre de M. Georges Voisin, que l'Empereur cite comme une autorité ; elle a inspiré deux autres écrits[1], qui ont été distribués à profusion, et avec une libéralité qui est restée un mystère, à tous les personnages de quelque importance. Elle aura pu, d'ailleurs, s'insinuer dans l'oreille de l'Empereur d'un bout à l'autre de son voyage, tant l'occasion était propice. Mais l'opinion contraire « que l'expansion de la colonisation ne peut avoir lieu qu'au détriment des indigènes » n'a jamais eu cours. Les colons ont dit et leurs organes ont souvent déclaré, d'accord sur ce point avec la plupart des généraux et

[1] *Indigènes et immigrants ; — L'Algérie et la lettre de l'Empereur.*

des administrateurs, — que la colonisation amoindrirait les chefs féodaux au profit de ce qu'on pourrait appeler la bourgeoisie et le peuple indigènes ; jamais ils n'ont établi ni admis aucune opposition entre l'intérêt des masses indigènes et les Européens ; leurs intérêts sont, en effet, analogues et s'engrènent parfaitement. La propriété individuelle, la liberté des échanges, le travail, l'indépendance et l'aisance personnelles, en sont la condition et le but : à l'inauguration de ces principes les chefs seuls ont à perdre, parce qu'ils tirent toute leur raison d'être et leurs principaux profits du communisme territorial, qui leur livre le maniement de toutes les affaires publiques et la tutelle des fortunes de leurs administrés.

Que, durant une période de trente-cinq ans, quelques esprits extrêmes et excentriques aient demandé l'extermination, le refoulement, le dépouillement des indigènes ; si cela est arrivé, — jamais nous n'avons lu ni entendu rien de pareil, — ce serait une de ces aberrations isolées dont ne saurait répondre la population européenne, qui les a toujours énergiquement désavouées par son langage et par sa conduite. On ne citerait pas un conseil municipal ou général, une chambre d'agriculture ou de commerce, un administrateur civil ou militaire, un écrivain du moindre crédit qui aient jamais méconnu le respect dû aux droits des indigènes et à leurs intérêts. Pendant le voyage de l'Empereur, toutes les manifestations, officielles ou spontanées, ont été empreintes de ce sentiment de justice, de conciliation et de fusion. Les projets de cantonnement, que l'on a sans doute présentés à l'Empereur comme une menace pour les indigènes, n'étaient sous un nom mal choisi,

— et que nous avons toujours déploré, — que la propriété constituée au profit des familles et des individus. Les gouverneurs généraux, qui en étaient les promoteurs, n'en eussent pas voulu à d'autres conditions.

La réalité des choses a répondu à ces sentiments. D'un bout à l'autre de l'Algérie, les indigènes sont paisiblement et amicalement associés à l'existence des Européens, dans les villes et dans les campagnes, sur les marchés et dans les fermes. L'agriculture, l'industrie, le commerce des Européens reposent, pour une large part, sur le concours des indigènes. Cet énorme trafic de **255 millions** par an, que nous avons constaté, provient, pour la plus large part, du travail indigène, fécondé par l'intelligence et le capital des Européens. Les deux races ne sont donc pas à *réconcilier;* elles sont toutes conciliées; il n'y a pas d'*antipathies* à détruire, ni de *spoliation* à empêcher; il y a simplement à faciliter de plus en plus les libres rapports et les libres accords entre Européens et indigènes, par la suppression des obstacles qui les écartent et des fautes qui élèvent de simples conflits personnels aux proportions d'une révolte. Le programme impérial conclut bien ainsi; et nous n'eussions pas tant insisté sur le motif peu solide donné à cette conclusion, si les solutions eussent favorisé en effet les rapprochements. Mais, dans bon nombre des mesures proposées par la lettre impériale, l'esprit de séparation prévaut malheureusement sur l'esprit d'union; et, finalement, l'accès des huit dixièmes de l'Algérie, condition fondamentale du mélange et de l'influence réciproque des populations, est interdit aux colons européens.

A côté de cette inexacte expression de la réalité, qui

relève de la politique et de l'ethnographie, et sur laquelle nous concevons cependant la diversité des jugements, se trouve dans la lettre impériale une lacune infiniment plus grave : c'est l'écart énorme entre l'étendue de l'Algérie et la population destinée *« à utiliser ses ressources en produits et en hommes. »* Cet écart est le nœud économique du problème algérien, et nous ne pouvons trop nous étonner que la lettre impériale ne l'effleure même pas. Expliquons toute notre pensée aussi brièvement et clairement que possible.

Entre l'étendue superficielle d'un pays et les forces nécessaires pour l'exploiter, il y a un rapport naturel. Un homme n'exploitera pas un champ de cent hectares; une famille de cinq à six personnes ne cultivera pas une lieue carrée : dans les deux cas, la majeure et souvent la meilleure partie des terres restera en friche ; la vie pastorale, avec quelques semences jetées autour de la tente, sera le mode de jouissance préféré. La même loi s'applique aux nations et aux royaumes. Sans une certaine densité de population, des territoires plus ou moins étendus restent nécessairement incultes ; contre une résistance disproportionnée à l'effort, le temps, le capital, la force mécanique et le travail humain sont impuissants.

Obéissant d'instinct ou sciemment à cette loi naturelle, tous les Etats peu peuplés appellent des immigrants et des colons pour féconder leur trop vaste territoire : ainsi fait l'Amérique tout entière, par des appels permanents et par d'actifs encouragements, et, en ce moment même, ainsi fait le Mexique, qui reçoit, sans doute, pour l'administration non moins que pour la domination, les conseils de Napoléon III. L'empereur Maximilien pourrait-il échapper à cette nécessité de l'immigration, et réserver le pays tout entier aux indigènes? Des chiffres dissiperaient ses illusions. Pour un territoire trois fois grand comme la France, le Mexique n'a que 7 à 8 millions d'habitants. La proportion est la même que si la France avait deux millions et demi d'âmes : avec un aussi misérable chiffre, pourrait-elle prospérer? Matériellement, économiquement, cela est impossible ; en de telles conditions, un Etat succombe sous ses frais généraux d'administration et de production.

La raison en est aisée à pénétrer.

L'étendue et la distance sont des éléments essentiels des budgets public et privé. Les ports à creuser, les routes à tracer et entretenir, les défenses à construire, les expéditions de guerre et de commerce, tous les transports d'hommes et de marchandises, les correspondances de toute sorte, les inspections, la police, les frais, en un mot, de presque toute l'organisation sociale croissent en raison directe des étendues territoriales : on peut dire que, dans une très-large mesure, le budget des dépenses, en tout pays civilisé, est proportionnel aux espaces. Au contraire, le budget des recettes est proportionnel aux habitants. L'homme est, en effet, le seul agent producteur, et son intervention est nécessaire, même pour récolter les produits naturels, comme le foin et le bois. Sa puissance productive a des limites; par suite, l'impôt qu'il peut supporter a des limites plus courtes encore; et si l'on prétend obliger un faible groupe de population à payer les frais de la gérance politique, administrative et militaire d'un vaste Etat, on surcharge et l'on ruine, sans résultat utile, les malheureux contribuables. Pour être supportable, le fardeau d'un lourd budget doit se répartir entre un nombre rationnel de contribuables.

Appliqués à l'Algérie, ces principes d'économie financière donnent la clef de nos embarras. Par une fatalité (heureuse ou malheureuse, mais inévitable ; ne discutons pas l'histoire !) la France a été conduite à prendre possession de toute l'ancienne régence d'Alger, laquelle, — en ne tenant pas compte du Sahara, — embrasse une superficie de 14 millions d'hectares, peuplée, en nombres ronds, de deux millions d'habitants (déduction faite des Sahariens et des Européens) :

Soit 7 hectares de terre par tête d'homme, ou 14 habitants par kilomètre carré.

Il saute aux yeux que c'est là une densité tout à fait inférieure aux besoins. Aucun Etat, même à demi-civilisé, n'est réduit à cette pénurie de forces productives. La France, qui figure dans les Etats médiocrement peuplés, contient 68 habitants par kilomètre carré, ce qui donne par tête d'homme un peu moins d'un hectare et demi à exploiter. Réduite aux proportions de l'Algérie, la France n'aurait à son service que 7 à 8 millions d'habitants, et serait un Etat pauvre et faible, incapable de supporter le budget dérivant de son degré de civilisation, à moins de faire appel à une immigration abondante du dehors, à l'instar de tous les Etats d'Amérique.

Depuis trente-cinq ans, nous nous butons en Algérie contre cet obstacle, purement économique et financier, de l'étendue, dont personne ne se rend bien compte. Possédant un domaine de 14 millions d'hectares, notre sécurité, à part même toute question de colonisation, nous interdit d'abandonner aucune province, aucune ville principale, aucun port, aucune frontière, pas même celle du Sahara; et, pour couvrir les frais de cette administration à la fois vaste et disséminée, l'on veut ne recourir qu'à 2 millions d'indigènes et 200,000 Européens ! La quote-part de chacun est écrasante ! Les uns et les autres se ruineront et périront à la tâche, sans pouvoir suffire aux frais d'une aussi coûteuse gestion. — Avec la barbarie, comme au Maroc, en Tunisie, en Tripolitaine, on peut absolument se contenter de peu, et encore la Tunisie vient-elle de reconnaître que la moindre tendance au progrès force d'aggraver les impôts et de recourir aux emprunts; avec les exigences de notre civilisation, il faut plus de parties payantes et capables de plus payer, sinon la métropole devra redoubler de sacrifices.

A la pression de ces nécessités, il n'y a qu'une issue : l'accroissement du nombre des producteurs contribuables, dont les versements croissent plus vite que les frais de gouvernement. Du côté des indigènes, il n'y a rien à attendre : tout au plus s'ils maintiennent leur nombre. Les Européens seuls peuvent croître rapidement par l'immigration. Les cadres administratifs étant constitués, un million d'Européens ne coûteraient guère plus que les 200,000 résidents déjà introduits, et, au taux de 50 francs par tête (minimum de leur part d'impôt), les 800,000 nouveaux venus enrichiraient le Trésor algérien de 40 millions de francs, sans parler des bénéfices du commerce et de l'industrie.

Ce côté capital de la question algérienne a malheureusement échappé à l'Empereur : — nous le disons à regret, et non sans reconnaître ce qu'aurait de téméraire notre affirmation, si nous ne la soumettions au jugement du public et à la haute raison de l'Empereur lui-même : de là des lacunes correspondantes et même de fausses directions dans les développements de son programme. Après avoir compris et indiqué les transformations que doit subir l'Algérie matérielle (sol, climat, produits, viabilité), il a pensé que les éléments actuels de population indigène, européenne et militaire, dans leur nombre absolu et leur proportion, peuvent suffire à cette tâche : illusion manifeste. L'élément européen, qui est le moteur principal, doit être puissamment renforcé.

En outre la lettre impériale les a mis au même rang d'importance et d'influence dans cette formule :

L'Algérie est un royaume arabe;
L'Algérie est une colonie européenne;
L'Algérie est un camp français.

Ce triple caractère étant admis comme le portrait de l'état présent (nous faisons nos réserves sur ce point), un quatrième mot était nécessaire pour indiquer l'unité finale qui doit absorber les oppositions actuelles. Ce mot, le discours de 1852 le renfermait implicitement :

L'Algérie doit devenir une province française.

Que d'obscurités eût dissipées ce rayon de lumière ! Le rayon manque. Au delà de l'état présent, l'Empereur ne paraît pas espérer de changement notable dans les proportions des populations : 2 millions et demi d'indigènes, 200,000 Européens, 50,000 soldats s'équilibrant comme des forces contraires, tel est, semble-t-il, l'idéal qu'il propose à la politique nationale.

Avec l'opinion publique pendant un tiers de siècle,

avec tous les gouvernements, avec le prince-président de la république lui-même, nous avons espéré, au profit de la France, une prépondérance plus décisive pour la civilisation européenne; et, en dépit de tous nos mécomptes, nous espérons encore; car les nombres ci-dessus fixés ne peuvent « utiliser les ressources de l'Algérie, » ce qui est le programme impérial.

### IV. La lettre impériale et les Arabes.

Avec l'Empereur, nous écrivons les *Arabes*, mais en nous hâtant de relever l'extrême inexactitude de ce nom, appliqué à tous les habitants indigènes de l'Algérie, autres que les juifs. L'erreur est pareille à celle de l'historien qui appellerait *Romains* tous les habitants de la Gaule, parce que les Romains avaient introduit dans le pays leurs armées, et *Normands* tous les habitants de l'Angleterre, parce que Guillaume le Conquérant jeta au onzième siècle ses bandes victorieuses sur les rivages britanniques. Les Berbères, dont le groupe principal est connu sous le nom de Kabyles, sont les seuls indigènes de l'Algérie. Comme les Romains en Gaule, comme les Normands en Angleterre, les Arabes dont la patrie est en Asie, sont des étrangers en Afrique, où ils ne furent jamais que des envahisseurs. Entre les Romains, les Normands et les Arabes, la comparaison tourne même au préjudice de ces derniers, en ce que les premiers ont gravé de leur profonde empreinte les lois, les mœurs, les institutions, l'existence entière des indigènes vaincus, tandis que les Arabes, arrivés en aventuriers et en guerriers, n'ont introduit que leur religion et en partie leur langage : en dehors de ces deux actes de propagande ils n'ont rien fait de profond et de durables. Nomades ils sont venus, nomades ils sont restés. En un tiers de siècle, les Français ont bâti plus de villes, défriché plus de champs, planté plus d'arbres, creusé plus de canaux, construit plus de routes, de ponts et d'édifices, répandu plus d'idées que les Arabes en douze siècles.

Cette distinction se trouve établie dans tous les ouvrages sur l'Algérie : ceux du général Daumas, entre autres, l'ont rendue populaire. Elle est d'ailleurs très-nettement écrite dans les divers documents officiels. Il restait à l'approfondir et à la préciser, c'est ce qu'a fait M. le docteur Warnier dans l'*Opinion nationale* d'abord, et puis dans son nouvel écrit.

L'inventaire par lui dressé, répartit ainsi la population indigène de l'Algérie :

| | |
|---|---|
| Berbères purs. . . . . . | 1,000,000 âmes |
| Berbères arabisants. . . . | 1.200,000 — |
| Total des Berbères. . . | 2,200,000 âmes |
| Arabes purs. . . . . . . | 500,000 — |
| Total général. . . . . | 2,700,000 âmes |

Les Berbères arabisants sont ceux qui, par la fréquence des rapports, ont adopté la langue arabe, ce qui ne porte à la race qu'une légère atteinte.

A ces nombres il n'y a d'autres changements à faire subir qu'une réduction totale de 147,830 âmes, l'Empereur qui avait d'abord adopté, pour la population indigène (1re édition), le chiffre de 2,793,234 âmes, l'ayant réduit à celui de 2,580,267, sur lequel les juifs comptent pour 28,097. Reste 2,552,170 seulement pour les musulmans.

### 1. La nationalité arabe.

De cette confusion ethnographique dérive le *royaume arabe* que l'Empereur constate en Afrique. Une première fois ce mot de royaume avait retenti dans le discours de Bordeaux en 1852 : « Nous avons en face de Marseille un vaste royaume à assimiler à la France », sans soulever d'objection, parce que, pris ainsi dans sa généralité abstraite, il paraissait signifier simplement un vaste pays. Mais le *royaume arabe*, commenté surtout comme il l'est dans la lettre impériale, par des sympathies en faveur de la nationalité arabe, a une portée politique à laquelle nous devons opposer les protestations de l'histoire d'Afrique qui, pour être moins populaire que celle de France et d'Angleterre, n'en est pas moins certaine.

Il y a plus de neuf cents ans que l'Afrique du Nord n'est plus un royaume arabe. Du septième au dixième siècle de notre ère, des dynasties arabes régnèrent en effet sur ce pays : ce furent les *Edrissides* dans l'Ouest, les *Aghlabites* dans l'Est, les *Fatimites* dans toute la région atlantique ; elles consacrèrent le triomphe violent de la première invasion ; mais dès le dixième siècle, elles se dissolvaient sous la réaction du génie indigène. Au onzième siècle, une nouvelle invasion porta en tous lieux la dévastation et la ruine, au moyen de hordes que les historiens n'estiment pas à moins d'un million d'âmes, dont il ne reste plus que la moitié. De cette époque datent les tribus actuelles qui amenèrent des multitudes de pillards, sans pouvoir ranimer même l'ombre d'un royaume. Elles ne se personnifièrent dans aucune dynastie. Au lendemain de leur apparition, la race berbère se redressa avec une nouvelle énergie, et de son sein surgirent successivement :

Les Almoravides (1050 à 1147).
Les Almohades (1148 à 1266).

Et du treizième au seizième siècle :

Les Hafsides, à Tunis.
Les Zianites, à Tlemcen.
Les Mérinides, au Maroc.

Au seizième siècle, les Espagnols et les Turcs se disputent la principauté du Maghreb central, qui reste finalement à ces derniers (1516 à 1830), et forme la régence d'Alger[1]. Dans cette longue période, de plus de neuf cents ans, pas de trace de dynastie arabe ni de royaume arabe, qui n'ont pu certes, sous la domination française, renaître de leurs cendres éteintes.

Manquant de toute base dans l'ethnographie et l'histoire, la *nation arabe* doit, en Afrique, disparaître du langage de la science et de la politique ; à peine pourrait-on la découvrir en Arabie, où elle se morcèle, suivant son immémoriale tradition, en tribus nomades, vivant dans l'anarchie, la guerre et le pillage, bien plus que sous la discipline du gouvernement turc et du chérif de la Mecque. Elle y a une apparence de réalité, dont on peut encore suivre les traces en Egypte ; mais

[1] Nous avons résumé cette histoire dans l'introduction de notre livre sur *l'Algérie*. On la trouvera développée dans l'introduction qui précède la traduction de l'*Histoire des Berbères*, d'Ibn-el-Khaldoun, par M. de Slane, et condensée à la page x du premier volume, ainsi que dans les savantes recherches de M. le colonel Carette sur les *Migrations des principales tribus de l'Afrique septentrionale*.

à mesure que du centre d'émigration, on avance vers l'ouest, en Tripolitaine, en Tunisie, en Algérie, au Maroc, les vestiges de la nationalité vont s'effaçant de plus en plus, comme la force impulsive de tout courant qui s'éloigne de son point de départ. Pour nous en tenir à l'Algérie, on y observe des groupes homogènes appelés tribus : quelque chose qui mérite le nom de nation, il n'y a rien, absolument rien. L'idée essentielle de toute nationalité est une certaine unité d'histoire, d'aspirations, de sentiment public, de coopération collective qui anime d'une même âme une masse d'hommes souvent très-disparates par l'origine, la langue, la foi (voyez la Suisse !). Où manque cette unité d'âme, la nationalité manque, quelque homogènes que soient les éléments ethniques. Cet esprit *un*, jamais les tribus arabes de l'Algérie de la seconde invasion ne l'ont connu, pas même sous la forme relâchée de confédération. Nomades et patriarcales, vivant sous l'autorité de leurs anciens, devenus leurs chefs administratifs, elles sont incohérentes, sans institution commune, sans hiérarchie supérieure, sans action concertée. Le Coran et la langue arabe sont leurs seuls liens, ce qui ne constitue pas une nationalité, sous peine de confondre en un corps de nation les cent millions de musulmans qui vivent en Afrique et en Asie.

Les Turcs ont pu dominer le pays pendant trois siècles, en lançant à leur gré une minorité de tribus privilégiées contre la majorité des autres, soumises à l'impôt et à toutes les avanies : tant nulle était la cohésion nationale.

Abd-el-Kader, malgré l'appel à la guerre sainte, qui suppléait pour lui au prestige de la naissance, n'a jamais pu réunir autour de son drapeau seulement le plus grand nombre des tribus arabes de l'Algérie ; à peu près toutes celles de la province de Constantine, et plusieurs de celles des provinces d'Alger et d'Oran lui ont résisté, alors même qu'il était à l'apogée de son pouvoir. C'est que des unes aux autres, il n'y a aucun des rapports intimes et solidaires qui constituent la nationalité : l'idée de patrie leur est inconnue, bien que les Arabes aient celles du lieu de naissance et de la résidence habituelle.

Par ces traits de leur mode d'existence se reconnaît l'erreur échappée à l'Empereur dans sa lettre, et qui est renouvelée de celle que contenait sa proclamation aux indigènes au lendemain de son débarquement à Alger, quand il rapprochait leur destinée de celle des Gaulois. Les Gaulois étaient une nation confédérée, comme l'atteste justement l'inscription gravée par ordre de l'Empereur sur le piédestal de la statue colossale de Vercingétorix, tandis que ce qui a pu exister de pareil chez les Arabes de l'Afrique n'est plus qu'une réminiscence, vieille de mille ans, dont les Arabes eux-mêmes n'ont plus conscience. Ce qu'ils ont d'unité leur vient de notre organisation unitaire et centralisatrice, surtout de nos bureaux arabes, qui ont eu besoin de créer un cadre territorial de juridiction.

Pour en finir avec ce point d'histoire, j'invoquerai le témoignage d'un livre classique, qui fait partie du *Cours d'Histoire universelle*, publié par M. Duruy, aujourd'hui ministre de l'instruction publique : c'est l'*Histoire des Arabes*, par M. Sédillot.

... « Telle était la situation des Arabes d'Afrique *au commencement du douzième siècle ;* ils allaient se fractionner de plus en plus et touchaient au temps de la décadence. Le même fait se produisait d'une manière aussi tranchée chez les Arabes d'Espagne, après une période admirable de gloire et de grandeur. (Page 240.)

... « L'islamisme était donc, *au milieu du douzième siècle*, en pleine décadence du côté de l'Occident; la domination de la Méditerranée lui avait échappé, reculait en Espagne, et déjà une partie de l'Afrique lui échappait. (Page 288.)

(*Au treizième siècle.*) ... « Les Arabes semblent avoir achevé leur mission; ils ne songent plus à faire triompher la cause de l'islamisme; s'ils tendent la main à leurs frères d'Espagne, c'est plutôt pour recueillir leurs tribus dispersées que pour chercher à relever leur courage et les entraîner à de nouveaux combats; ils reprennent peu à peu l'existence uniforme du désert et recherchent l'obscurité. (Page 304.)

(*Au seizième siècle.*) ... « La race arabe se trouva complétement annihilée du jour où elle fut soumise aux Turcs; les nobles sentiments, les élans généreux qui existaient en elle s'effacèrent pour faire place à un état de servilité et de dégradation sans issue : courbée sous le joug d'une milice insolente qui se faisait obéir le sabre à la main, elle perdit cette fierté naturelle qui l'avait toujours distinguée, et tomba peu à peu dans cet abrutissement où nous l'avons trouvée dans ces derniers temps, et qui nous la fait juger bien à tort comme antipathique à toute idée de civilisation. » (page 307.)

Que dire de plus décisif contre ce fantôme de nation arabe qu'a évoqué la plume de l'Empereur! Quant à la *race arabe*, elle est assurément susceptible de civilisation, mais en même temps tombée dans cette servitude dégradante, dont elle a pris l'habitude, et qui fait illusion sur ses sentiments.

Nous avons insisté sur cette distinction, parce qu'elle est féconde en applications politiques.

En distinguant les Arabes des Berbères ou Kabyles, on s'abstient d'appliquer à la population indigène tout entière des vues et des projets qui ne se rapportent qu'à la moindre partie. — On apprécie tout le concours que l'on peut trouver dans l'équilibre maintenu entre les deux races, séparées par leurs antipathies autant que par leur origine[1]. — On se sent disposé à plus de sympathie et de générosité envers les antiques et primitifs possesseurs du sol africain qu'envers les usurpateurs qui les ont dépossédés et spoliés, sans la compensation d'aucun bienfait. — On n'a garde d'ajouter à tous les levains qui fermentent au cœur de l'Arabe contre les Français, à raison de notre triple qualité de vainqueurs, d'étrangers et de chrétiens, un quatrième grief qu'ils ne soupçonnaient même pas : l'atteinte à leur nationalité.

Ce n'est pas que les Berbères eux-mêmes n'aient besoin d'être surveillés et contenus ; mais par leurs sentiments et leurs mœurs, ils sont beaucoup plus rapprochés de nous, et envers eux, comme envers les Arabes, la France possède une règle sûre de conduite.

Au nom de l'HUMANITÉ, les indigènes ont droit à tout ce qui est juste.

Au nom de la NATIONALITÉ, ils n'ont droit à rien.

Ces deux sentiments se sont mêlés dans les jugements et les projets de l'Empereur. En suivant le premier, il est resté dans le vrai, sauf quelques nuances légères d'exagération ; en écoutant le second, il a été moins heureux.

L'Empereur est dans le vrai, parce qu'il parle au nom de l'humanité, quand il veut :

[1] Voir la note B à la fin de l'écrit.

Ne pas exterminer les indigènes ;
Ne pas les refouler dans le désert ;
Ne pas pressurer leur pauvreté ;
Les façonner à nos lois ;
Les habituer à notre domination ;
Les convaincre de la supériorité de nos institutions ;
Exercer envers eux une justice équitable et rapide ;
Augmenter leur bien-être ;
Développer chez eux l'éducation et la moralité ;
Leur apporter les bienfaits de la civilisation ;
Satisfaire leurs besoins matériels et moraux ;
Simplifier l'assiette et la perception des impôts ;
Respecter leurs droits acquis.

Voilà pour les sentiments et les intentions. L'Empereur est encore dans le vrai, parce qu'il parle au nom de l'humanité, quand il propose les mesures suivantes :

Établir des registres de l'état civil dans les tribus ;
Expliquer aux Arabes les bienfaits de l'assistance judiciaire ;
Choisir avec soin les magistrats indigènes ;
Régler l'admission et l'avancement dans la magistrature indigène ;
Fonder des orphelinats musulmans ;
Fonder des écoles d'arts et métiers ;
Assurer les secours aux malades dans les hôpitaux ;
Propager la vaccine ;
Donner des consultations gratuites ;
Créer des infirmeries indigènes dans les tribus ;
Attacher aux bureaux arabes des médecins français ;
Prescrire aux administrations « de se défaire des formes brusques et souvent méprisantes avec lesquelles on accueille les indigènes qu'un intérêt amène dans les bureaux. »

(Les colons bénéficieront de cette prescription, qu'il ne serait peut-être pas inutile de promulguer même en France.)

Tous ces bienfaits sont dus aux Arabes, comme aux Kabyles, aux Juifs, aux Européens, en leur qualité d'hommes, membres de la grande famille humaine. Mis en pratique, ils toucheront le cœur, ils élèveront l'esprit, ils sèmeront des germes de reconnaissance, de fraternité, d'union. Nous y applaudissons donc de toute notre âme, en ajoutant toutefois que, — sauf tels écarts qui échappent à l'infirmité humaine, et dont l'avenir ne sera pas plus exempt que le passé, — ces règles de la politique impériale sont puisées dans la tradition constante de la France depuis 1830. La royauté d'Orléans, la République de février, l'Empire de 1852 à 1864, n'ont pas tenu d'autre langage par la bouche des ministres, des gouverneurs généraux et des chefs d'administration : la collection des documents officiels en fait foi. Les atteintes à ces principes, dont l'Empereur se plaint, surtout dans les notes de sa lettre, ont violé les règlements établis, et la plupart auraient été depuis longtemps dénoncées et sapées par l'opinion publique, si elle avait pu se faire jour par la voix libre de ses conseils municipaux, de la presse, et de ses représentants au Corps législatif. Tous les griefs allégués contre le domaine, les forêts et les autres administrations, se rapportent à la période écoulée sous le gouvernement actuel, de 1852 à 1864. Aucune ne remonte aux périodes antérieures, où plus de liberté faisait justice des abus.

Il nous reste à montrer comment la lettre impériale touche moins juste, dès qu'elle associe le principe de nationalité à celui d'humanité. Autant celui-ci est sain et fécond, autant l'autre est inopportun et dangereux, appliqué à un pays et à une race qui ne l'ont jamais connu.

Nous avons rendu pleine et loyale justice aux sentiments et aux vues qui, dans la lettre de l'Empereur, dérivent du principe d'humanité : avec une pareille franchise nous devons combattre tout ce qui dérive du principe de nationalité, principe absolument étranger, comme nous l'avons établi, au problème algérien.

De ce principe dérivent les idées suivantes :

Le reproche d'avoir déconsidéré et annulé systématiquement les grandes familles;

Le reproche d'avoir voulu dissoudre brusquement la tribu;

Le reproche d'avoir bouleversé l'organisation de la justice musulmane;

Le reproche d'avoir détruit les vieilles coutumes de la nation;

Le conseil de ne pas désorganiser les tribus;

Le conseil de ne pas pulvériser la société musulmane;

Le conseil de n'établir la propriété individuelle qu'à la condition de ne pas léser la constitution de la tribu;

Le conseil de ménager non-seulement l'amour-propre, mais l'orgueil même des chefs arabes, et de leur laisser le commandement des goums, en présence des officiers supérieurs français.

L'esprit commun de toutes ces tendances est manifeste : maintenir la tribu, s'appuyer sur l'aristocratie arabe, honorer et relever, en territoire militaire, les grands chefs de préférence aux fonctionnaires civils et militaires, Français de naissance.

A cette tactique, un grand but politique est assigné :

« La France, qui sympathise partout avec les idées de nationalité, ne peut, aux yeux du monde, justifier la dépendance dans laquelle elle est obligée de tenir le peuple arabe, si elle ne l'appelle à une meilleure existence. Lorsque notre manière de régir un peuple vaincu sera pour les quinze millions d'Arabes répandus dans les autres parties de l'Afrique et en Asie un objet d'envie; le jour où notre puissance établie au pied de l'Atlas leur apparaîtra comme une intervention de la Providence pour relever une race déchue; ce jour-là, la gloire de la France retentira depuis Tunis jusqu'à l'Euphrate, et assurera à notre pays cette prépondérance qui ne peut exciter la jalousie de personne, parce qu'elle s'appuie non sur la conquête, mais sur l'amour de l'humanité et du progrès. » (Page 10.)

Pour le succès de ce plan, quelle qu'en soit la valeur, les *idées de nationalité* ne peuvent être qu'un obstacle et jamais un appui. L'esprit national abhorre même les bienfaits de l'oppresseur : au bien-être dans la servitude il préfère les privations dans la liberté. Est-ce que les Polonais tiennent compte à la Russie de quelques satisfactions économiques ? Est-ce que les Italiens savaient gré à l'Autriche de la bonne administration de la Lombardie ? Avant l'intérêt, le droit ! Si l'Algérie est un royaume et une nation arabe que nous tenions sous le joug, envers elle il n'y a qu'un devoir à remplir et une conduite propre à nous attirer la reconnaissance musulmane : la rendre à son indépendance. C'est la thèse de M. de Girardin. Mais s'il est permis à M. de Girardin d'ignorer qu'en Afrique la nation et le royaume arabe sont des fantômes d'un passé dix fois séculaire, il n'est une autorité pour personne en dehors des bureaux de la *Presse*, et ses fantaisies d'imagination ne tirent pas à conséquence. Sous la plume de l'Empereur des Français, ces mirages ont de tout autres périls. Ils conduisent logiquement à l'abandon de la souveraineté française en Algérie, car nous *ne pouvons être obligés de tenir sous notre dépendance* un peuple qui offrirait les caractères et les garanties d'une nation constituée. Nos titres à une domination durable sont, au contraire, — après le devoir de prévenir la renaissance de la piraterie, — l'état d'anarchie où est plongée la race arabe, qui a usurpé, sans les cultiver, les terres des indigènes ; l'absence en elle de toute unité nationale qui en relie les éléments ; la nécessité d'un gouvernement fort et intelligent, qui dote les indigènes, tant Arabes que Berbères, des bienfaits que recommande l'humanité, et qui élève les monuments de la civilisation sur les ruines de la nation et de la société arabes, tombées en poussière depuis un millier d'années.

### 2. La religion musulmane.

Sur cette première illusion historique et politique de la nationalité, s'en greffe une seconde touchant la religion musulmane, que l'Empereur compte rallier à la politique française, à force d'avances. On devra non-seulement :

Organiser un comité musulman par province ;

Nommer un conseil de fabrique pour chaque mosquée de première classe ;

Donner à chaque zaouïa (communauté religieuse) un conseil d'administration ;

Créer une école supérieure de législation musulmane ;

Développer l'instruction publique musulmane ;

Régulariser les écoles supérieures musulmanes ;

mesures qui, tout excessives et surabondantes qu'elles puissent être, peuvent cependant s'appuyer sur quelques motifs politiques et administratifs ; mais l'on devra encore :

Entourer de quelque solennité officielle la célébration des fêtes musulmanes ! ,

Jusqu'à présent on avait cru se montrer plus que tolérant en annonçant à Alger le commencement et la fin du jeûne, pendant le ramadan, par un coup de canon, à titre de mesure d'ordre. Désormais cela ne suffira plus ; une *solennité officielle*, c'est-à-dire un hommage des esprits et des cœurs, des lois et des mœurs, deviendra un devoir public. Ah ! Mgr l'archevêque d'Alger regrettera probablement ce que lui coûtent les évêchés qu'il a obtenus pour Oran et Constantine, quand il verra des terrasses de son palais les troupes, le drapeau, les salves, les chants de la France très-chrétienne, de la fille aînée de l'Eglise, honorer la naissance de Mahomet (le *mouloud*), et les triomphes du Croissant sur la Croix que rappellent les fêtes musulmanes ! En France, la principale solennité officielle consiste dans la convocation des fonctionnaires au sein des églises pour le culte religieux : en Algérie, le gouvernement donnera-t-il rendez-vous dans les mosquées à ses employés, comme il les convoque aux églises ? Quelles que soient les mesures prescrites, la préférence officielle envers l'islamisme sur les religions juive et chrétienne, ne laissera pas que d'étonner les musulmans eux-mêmes. Mais tant de ferveur n'a pas le seul inconvénient de les confirmer dans leur conviction sur la supériorité de leur culte et sur notre indifférence en matière religieuse, elle a une portée politique dont l'Empereur ne s'est probablement pas rendu compte. Dans tout l'islamisme, où la religion et la politique sont intimement mêlées, les fêtes religieuses sont en même temps les fêtes des souverains musulmans, et nos revues passées, notre pavillon arboré, notre artillerie tonnante ne manqueront pas d'être interprétés par les croyants comme des actes de vassalité de la part de la France envers le sultan de Constantinople et celui du Maroc, présages d'une prochaine restitution de ces États à leurs anciens maîtres.

Devant une attitude aussi imprévue que grave du gouvernement français envers l'islamisme, nous sommes obligé de sonder les textes même du livre, qui est plus sacré encore pour les musulmans que la Bible pour les juifs et l'Évangile pour les chrétiens. Par l'essor que l'on veut donner à l'instruction et à la législation spécialement musulmanes, l'étude du Coran, qui tombait en désuétude en Afrique, ne pourra que se raviver ; ses préceptes et ses conseils obtiendront un redoublement de foi et d'influence ; plus que jamais il circulera de mains en mains ; il revivra dans les mémoires ; il réchauffera les cœurs ; il éclairera les esprits. Apprenons donc quels sentiments ce livre saint, révélé par l'ange Gabriel à Mahomet, le prophète dont nous célébrerons désormais officiellement la mission, enseignera aux croyants envers les *infidèles* et les *idolâtres*. Les infidèles, ce sont toujours les juifs et les chrétiens, aussi bien que les païens ; les idolâtres, ce sont spécialement les païens, mais souvent aussi les chrétiens, sous le prétexte que, dans la Trinité, ils donnent un fils à Dieu, et lui associent des compagnons de divinité, le Fils et le Saint-Esprit, acte d'idolâtrie aux yeux des croyants.

Dans sa proclamation aux indigènes, à Alger, l'Empereur a invoqué le chapitre II, *la Vache*. En l'ouvrant, voici ce qu'ils y liront[1] :

186. Combattez dans la voie de Dieu contre ceux qui vous feront la guerre. Mais ne commettez point d'injustice en les

[1] Dans les citations qui suivent, nous adoptons la traduction de M. Kasimirski, ancien interprète de la légation française en Perse.

attaquant les premiers, car Dieu n'aime point les injustes.

186. Tuez-les partout où vous les trouverez, et chassez-les d'où ils vous auront chassés. La tentation de l'idolâtrie est pire que le carnage à la guerre.

189. Combattez-les jusqu'à ce que vous n'ayez point à craindre la tentation, et que tout culte soit celui du Dieu unique.

Sur le verset 186, l'éditeur-traducteur, M. Kasimirski, ajoute : « Combattre *dans la voie, dans le sentier de Dieu*, est une expression consacrée pour dire : faire la guerre sainte pour la cause de Dieu. Les commandements renfermés dans les versets 186-190 sont des dispositions de circonstances... Il ne faut pas cependant conclure que ces commandements sont capables d'enchaîner la foi, la fidélité des musulmans. Les mots : *Tuez-les partout où vous les trouverez, et chassez-les d'où ils vous auront chassés;* ainsi que les autres, « jusqu'à ce *que tout culte soit celui de Dieu unique,* » laissent une telle latitude, qu'il n'est pas étonnant que l'islamisme se soit toujours cru libre de tout engagement envers les peuples d'une autre religion, tant que ses forces ou les circonstances favorables lui ont permis de ressaisir les pays échappés à sa domination. »

La guerre sainte (*le djahad*) a son chapitre de commentaires dans Sidi-Khelil, le prince des jurisconsultes musulmans, l'oracle des tribunaux indigènes, dont le traité de jurisprudence a été traduit par le savant M. Perron, premier directeur du collége français-arabe d'Alger :

« La guerre sainte est un devoir pour tout individu de condition libre, pour tout fidèle, homme, en âge de raison, pubère en état de porter les armes et de combattre. Ce devoir de solidarité est le même que celui (suit une série de devoirs naturels, entre autres)... le même que celui qui oblige les musulmans à l'équité dans la justice distributive; le même que celui qui oblige tout musulman à rendre un témoignage juridique; le même que celui qui oblige tout fidèle sage et éclairé à recommander le bien... » (Tome II, page 245.)

A la note 32 du même volume, le traducteur ajoute cette explication :

« Par devoir de solidarité, la loi musulmane entend tout devoir qui oblige la totalité des musulmans, mais qui, accompli par un certain nombre d'entre eux, n'est pas exigé des autres; ainsi tout musulman est obligé de rendre les derniers devoirs à un musulman mort, mais il n'est pas nécessaire, bien entendu, que tous les musulmans y concourent. « La guerre contre les ennemis de l'État ou de la religion est un devoir sacré que la loi impose à la nation tout entière, mais qui est censé rempli pour tout le corps politique quand une partie du peuple y satisfait. Tout musulman en état de porter les armes doit prendre part à la guerre... Le musulman ne doit pas prétendre à une solde; il est tenu, de plus, à faire sur sa propre fortune les sacrifices nécessités par les besoins de ses frères. » (Voyez Mouradgea d'Ohsson, *De la guerre.*)

« Combattez les polythéistes, a dit le Prophète; la guerre est établie et doit durer jusqu'au jour du jugement. On peut attaquer les infidèles, sans autre raison que le fait de la différence de religion. »

Nous continuons nos peu édifiantes et peu rassurantes citations :

CHAPITRE III. — *La famille d'Imram.*

114. O croyants! ne formez de liaisons intimes qu'entre vous; les infidèles ne manqueraient pas de vous corrompre; ils désirent votre perte. Leur haine perce dans leurs paroles; mais ce que leurs cœurs recèlent est pire encore. Nous vous en avons déjà fait voir des preuves évidentes.

115. Vous les aimez, ils ne vous aiment pas.

116. Le bien qui vous arrive les afflige; qu'il vous arrive un malheur, ils seront remplis de joie.

172. Que les infidèles ne s'imaginent point que, si nous leur accordons une longue vie, c'est un bien. Nous la leur accordons longue pour qu'ils multiplient leurs iniquités. Un châtiment avilissant les attend.

CHAPITRE IV. — *Les femmes.*

78. Les croyants combattent dans le sens de Dieu, et les infidèles dans le chemin de Thagout. Combattez donc les suppôts de Satan, et certes les stratagèmes de Satan seront impuissants.

CHAPITRE V. — *La table.*

56. O croyants! ne prenez point pour amis les juifs et les chrétiens : ils sont amis les uns des autres. Celui qui les prendra pour amis finira par leur ressembler, et Dieu ne sera point le guide des pervers.

61. O croyants! ne cherchez point d'appui chez les hommes qui ont reçu l'Ecriture, ni chez les infidèles qui font de votre culte l'objet de leurs railleries.

CHAPITRE VIII. — *Le butin.*

40. Dis aux infidèles que, s'ils mettent fin à leur impiété, Dieu leur pardonnera leur passé; mais s'ils y retombent, ils ont devant eux l'exemple des peuples d'autrefois.

CHAPITRE IX. — *Le repentir.*

Ce chapitre est un de ceux auxquels l'Empereur a renvoyé les indigènes; ils y trouveront ces préceptes :

5. Les mois sacrés exceptés, tuez tous les idolâtres partout où vous les trouverez, faites-les prisonniers, assiégez-les et guettez-les à toute embuscade; mais s'ils se convertissent, s'ils observent la prière, s'ils font l'aumône, alors laissez-les tranquilles, car Dieu est indulgent et miséricordieux.

28. O croyants! ceux qui associent (d'autres divinités à Dieu) sont immondes.

Ces idolâtres à exterminer, ces immondes qui associent à Dieu d'autres divinités, ce sont entre autres les chrétiens, et partant les Français! De là l'injure de *chiens de chrétiens*, exacte traduction de la pensée du Coran, usitée d'un bout à l'autre de l'Islam.

Ces sentiments abominables sont en rapport avec l'esprit général du livre saint.

Tout infidèle, dit Sidi Khelil, croyant à une révélation, c'est-à-dire chrétien ou juif, ou mage, ou pyrolâtre, ou idolâtre, ou autre, car tous ne font qu'une même catégorie d'infidèles, de mécréants, et, en un mot, tout infidèle vivant en pays musulman, sous la protection musulmane, est puni de mort pour avoir tué un autre infidèle, quel qu'il soit, mais jamais un musulman n'est mis à mort pour le meurtre d'un infidèle; l'infidèle est trop inférieur par sa religion. (Tome V, page 352 de la traduction de Perron.)

MÊME CHAPITRE.

29. Faites la guerre à ceux qui ne croient pas en Dieu ni au jour dernier, qui ne regardent point comme défendu ce que Dieu et son apôtre ont défendu, et à ceux d'entre les hommes des Ecritures qui ne professent pas la croyance de la vérité. Faites-leur la guerre jusqu'à ce qu'ils payent le tribut, tous sans exception, et qu'ils soient humiliés.

30. Les juifs disent : Ozaïs (Esdras) est fils de Dieu. Les chrétiens disent : le Messie est fils de Dieu. Telles sont les paroles de leurs bouches : ils ressemblent, en les disant, aux infidèles d'autrefois. Que Dieu leur fasse la guerre! qu'ils sont menteurs!

36. Quatre de ces mois sont sacrés; c'est la croyance constante. Pendant ces quatre mois n'agissez point avec iniquité

envers vous-même; mais combattez les idolâtres dans tous les mois, de même qu'ils vous combattent dans tous les temps.

CHAPITRE XIII. — *Le tonnerre.*

31. Les malheurs ne cesseront d'accabler les infidèles pour prix de leurs œuvres, ou s'abattront à l'entrée de leurs habitations, jusqu'à ce que les menaces de Dieu soient accomplies.

CHAPITRE XLVII. — *Mohammed.*

4. Lorsque vous rencontrerez des infidèles, eh bien! tuez-les au point d'en faire un grand carnage, et serrez fort les entraves des captifs.

5. Ensuite vous les mettrez en liberté, en les rendant moyennant une rançon, lorsque la guerre aura cessé. Agissez ainsi. Si Dieu voulait, il triompherait d'eux lui-même; il les exterminerait; mais il vous fait combattre pour vous éprouver les uns les autres.

8. O croyants! si vous assistez Dieu dans sa guerre contre les méchants, lui, il vous assistera aussi, et il affermira vos pas.

9. Pour les incrédules, puissent-ils périr, et puisse Dieu rendre nulles leurs œuvres!

10. Ce sera la rétribution de leur aversion pour les révélations de Dieu; puisse-t-il anéantir leurs œuvres!

11. N'ont-ils jamais traversé ce pays? N'ont-ils pas vu quelle a été la fin de leurs devanciers, que Dieu extermina? Un sort pareil attend les infidèles de nos jours.

CHAPITRE XLVIII. — *La victoire.*

29. Mohammed est l'envoyé de Dieu; ses compagnons sont terribles aux infidèles et pleins de tendresse entre eux.

CHAPITRE LX. — *Mise à l'épreuve.*

9. Mais il (Dieu) vous interdit toute liaison avec ceux qui vous ont combattus pour cause de religion, qui vous ont chassés de vos foyers, ou qui ont aidé les autres à le faire. Ceux qui les prendraient pour amis seraient des méchants.

13. O croyants! n'ayez aucun commerce avec ceux contre lesquels Dieu est courroucé.

CHAPITRE LXI. — *Ordre de bataille.*

10. O croyants! vous ferais-je connaître un capital capable de vous racheter des tourments de l'enfer?

11. Croyez en Dieu et en son apôtre; combattez dans le sentier de Dieu (c'est-à-dire faites la guerre sainte).

Et pour récompense de toutes ces vertus féroces, le Coran promet aux musulmans les joies d'un sérail illimité et éternel dans le Paradis! Voilà la religion dont la France devra entourer les fêtes d'une solennité officielle!

Ces horribles cris de haine et de violence, de pillage et d'assassinat contre les infidèles (c'est-à-dire, ne l'oublions pas, contre les juifs et les chrétiens, aussi bien que contre les païens), se trouveraient dans tout autre livre que le Coran, qu'ils seraient poursuivis comme constituant des provocations au crime, des excitations à la guerre civile et à la haine des classes les unes contre les autres. Et au lieu de laisser se rouiller le glaive sanguinaire, nous l'affilerions! de ce code barbare de fanatisme, nous ferions le manuel des écoles algériennes, nous lui ouvririons des chaires, nous le célébrerions par des solennités officielles! Se peut-il rien imaginer de plus contraire à cette politique de sagesse prévoyante et de raison prudente que l'Empereur s'honore d'inaugurer en Algérie comme en France!

Nous ne pouvons trop nous étonner qu'un esprit de sa trempe puisse espérer que les peuples musulmans de l'Afrique et de l'Asie, nourris de ces fureurs sauvages envers les infidèles, qui sont la chaîne de leur histoire et la trame de leur politique, prendront un jour en envie le sort des musulmans algériens, et qu'il en découlera une prépondérance quelconque pour la France en Orient. Le seul fait de payer tribut aux chrétiens vaut aux pèlerins algériens à la Mecque le mépris de leurs coréligionnaires. Nous croyons bien entrevoir que ce plan de la renaissance d'un empire arabe en Orient, dont Abd-el-Kader ou ses descendants pourraient être les titulaires, a pris quelque consistance dans le système politique de l'Empereur ; nous rattachons volontiers à cette idée et la traduction qu'il a demandée à un savant français de tous les traités entre princes chrétiens et musulmans, et la mission, dont il a fait les frais, de M. Palgrave en Arabie ; mais, sans discuter des plans secrets et éventuels, nous croyons pouvoir assurer que l'alliance fidèle du monde musulman, — que nous apprécions comme un digne objet de la politique française en Orient, — sera d'autant plus tiède et suspecte que la foi en l'islam sera plus vive. L'alliance naîtra de la solidarité et de la multiplicité des intérêts ; la confiance suivra peut-être le renom de justice et de force que nous vaudra notre conduite envers les Arabes, mais tout cela en dehors d'aucune démonstration de zèle religieux. Ce zèle, si les musulmans le croyaient sincère, nous affaiblirait, car ils y verraient l'inspiration du Dieu de Mahomet ; et s'ils y soupçonnaient une manœuvre politique, ils y répondraient par le dédain, les chrétiens n'étant pas, comme sont les *malekis* et les *hanefis*, même les Mozabites, cités par l'Empereur, comme étaient les Turcs surtout, des croyants plus ou moins orthodoxes, mais des mécréants, dont toute manifestation en faveur de l'islam est jugée un acte d'hypocrisie.

Sans troubler en rien les habitudes religieuses des musulmans, gardons-nous de raviver des croyances qui nous sont hostiles. Laissons-les s'affaisser sous le bien-être et la sécurité qui résultent d'une bonne administration. Grâce à Dieu, il n'est donné à aucune parole fanatique, si sainte qu'elle se prétende, de triompher longtemps, comme le dit cette fois justement l'Empereur, de toutes les satisfactions matérielles et morales qu'il est possible d'accorder aux peuples.

Ces satisfactions, nous en avons accordé aux indigènes de l'Algérie infiniment plus que ne croit l'Empereur, et elles ont été amoindries par bien peu d'injustices. Les pages de sa lettre, consacrées aux effets du contact entre la civilisation et les peuples, qu'il croit pouvoir qualifier de primitifs, sont plus vigoureuses qu'exactes. Appliqué aux Arabes, le prétendu caractère même de peuple primitif est une première source d'erreur. Loin d'avoir rien de primitif, les Arabes d'Algérie sont des peuples vieillis, déchus, décomposés, dont l'apogée de gloire et de puissance remonte aux khalifes de Bagdad et de Damas, c'est-à-dire à dix siècles en arrière. S'ils ont conservé ce qu'il y a de noblesse et d'intelligence indestructible dans la nature humaine, ils ont acquis tous les vices qui résultent d'une décadence profonde, et la civilisation seule, quelles que soient ses propres imperfections, leur apporte les moyens de se relever : la propriété, le travail, l'épargne, le crédit, l'essor personnel, la liberté, la famille, la justice, la sécurité, la paix. A côté de ces précieux bienfaits, les quelques vices secondaires qu'elle y mêle ne sont que bien peu de chose.

### 3. Condition sociale et morale des indigènes.

Nous avons à apprécier maintenant les jugements de l'Empereur sur l'état moral, social, économique des Arabes, dont il attribue les souffrances à l'administration française et à la colonisation européenne. Ici encore l'auguste voyageur a vu la surface des choses plus que le fond; à des faits particuliers il a donné une portée excessive par sa généralité; enfin il n'a pas rendu une suffisante justice ni à son propre gouvernement ni aux gouvernements précédents, dont l'action sur les indigènes se solde, tout compte établi des torts et des services, par d'immenses avantages.

A la surface le peuple arabe s'est montré à l'Empereur sous des aspects misérables. Autour de sa voiture il a vu se presser des foules déguenillées, à demi-couvertes de haillons, auxquels ne s'appliquent jamais les ablutions que le Coran ne prescrit que pour le corps, et l'on sait combien même celles-ci sont fictives! Pour détourner ces multitudes qui obstruaient son passage, l'Empereur, initié par son cortége aux mœurs arabes, a fait jeter libéralement des poignées de monnaie d'argent et d'or, sur lesquels les Arabes se sont précipités avidement. De cette dégradation morale, de cette saleté matérielle il a conclu à une détresse universelle.

Si, en outre, l'Empereur a rapporté le tableau qu'il avait sous les yeux au spectacle que lui offraient, en pareille occurrence, les populations françaises, il a dû trouver l'état des Arabes bien inférieur à celui des habitants de l'Europe. Mais ce n'est pas à l'Europe qu'il eût fallu comparer l'Afrique actuelle, c'est à l'Afrique du passé, à l'Afrique des Turcs, antérieure à notre domination, ou bien encore à l'Afrique telle qu'elle est au Maroc, en Tunisie, en Tripolitaine. A ce point de vue comparatif, la supériorité, à tous égards manifeste, de l'Algérie, eût constaté et mesuré le progrès accompli sous l'influence de la France.

Moralement ce progrès est admirable. Avant les Français le pays était tout entier livré au pillage, par la double spoliation de l'impôt et de la guerre. Depuis le dey jusqu'au chef de douar, l'impôt se prélevait par une série d'exactions et de violences, inséparables de perceptions fiscales à main armée et de l'absence de toute protection, sous un gouvernement fondé sur la terreur. Quand les tribus s'étaient acquittées envers leurs maîtres turcs, c'est entre elles qu'elles guerroyaient pour récupérer leurs richesses livrées au *maghzen*, envahir les pâturages, enlever les troupeaux, faire du butin ou satisfaire des vengeances. Au sein même de chaque tribu et de chaque douar, quand une paix apparente régnait, la rapine des chefs et la vénalité des juges faisaient des pauvres la proie des puissants; le peuple tout entier était livré, sans défense et sans espérance, à la cupidité orgueilleuse et insatiable de l'aristocratie militaire ou religieuse. La densité du crime par kilomètre carré était effrayante.

Les preuves abondent de cet état de choses; citons-en un seul témoignage officiel :

« L'histoire de la Régence est remplie de châtiments infligés à des tribus rebelles ou seulement suspectes, et d'actes de ce brigandage légal qui avait été érigé en système. Dans ces expéditions sanglantes, qui avaient fini par devenir le droit public du pays, des centaines de têtes étaient coupées et venaient former le hideux couronnement de la porte Bab-Azoun d'Alger. Rarement une année se passait sans que le pacha ou ses lieutenants n'ordonnassent d'exécutions militaires de ce genre, que rien n'annonçait aux victimes, presque toujours atteintes comme par la foudre.

« Quelquefois aussi les soulèvements prenaient un caractère plus décidé. Les rencontres étaient alors de véritables combats. C'était réellement la guerre intestine, dont l'issue était toujours fatale aux populations révoltées, que leurs divisions inextinguibles laissaient exposées aux abus de la force.

« Souvent même le recouvrement de l'impôt ne pouvait se faire que les armes à la main. Quand sur un point le refus ou la résistance s'étaient manifestés, la force coercitive ne tardait pas à paraître, et la ruine des tribus récalcitrantes était consommée, si on pouvait les atteindre dans leurs troupeaux, la seule ressource saisissable de ces peuples pasteurs[1]. »

A ce peuple volé de toute main, écrasé de tous les fardeaux, nous avons apporté des bienfaits dont il sait le prix : l'ordre à l'intérieur de la tribu et du douar, la paix au dehors, la régularité et la modération dans l'impôt, la sécurité pour sa personne et ses biens, des encouragements au travail et à l'épargne, même des récompenses et des honneurs aux plus dignes. L'Empereur signale quelques abus ou quelques lacunes de notre justice ; mais telle quelle, il y a une justice sérieuse : avant nous il n'y en avait pas. Ne voyons-nous pas que, malgré la sévère vigilance de l'administration française, la corruption des magistrats arabes est un des fléaux les plus difficiles à extirper de la société indigène ? Que devait être la justice quand l'impunité était assurée aux magistrats prévaricateurs !

[1] *Tableau des établissements français en Algérie*, année 1837, p. 188.

Un seul fait est cité, véritablement scandaleux par sa rigueur : la condamnation de cinquante-trois Arabes à 50 francs d'amende chacun, soit pour tous : 2,650 francs plus 158 francs de frais, et cela pour trois lièvres tués en chasse. Si l'Empereur ne couvrait le fait de son autorité, nous le croirions imaginé à plaisir : quels magistrats ont pu comprendre ainsi la justice? Et comment a-t-il pu arriver que pas une plainte n'ait dénoncé l'abus à l'Empereur, qui n'eût pas manqué de faire grâce?

D'après la lettre impériale « l'organisation conforme aux traditions et aux mœurs de l'ancienne société arabe a été détruite sans être remplacée... ; de sorte que, sans guides, ce malheureux peuple erre pour ainsi dire à l'aventure, ne conservant d'intact que son fanatisme et son ignorance (p. 14-15). »

Ce reproche est-il mérité? Tous les éléments de la société arabe ont été respectés, plutôt au delà qu'en deçà de la mesure que recommandait le bien public. La famille a été sacrée pour nous, même dans ses vices. Le douar a été maintenu, même dans ses abus. La tribu est restée intacte, malgré ses révoltes. La religion a été honorée dans ses représentants, sinon dans ses fêtes publiques, et, en place de quelques mosquées supprimées, nous en avons élevé de nouvelles.

La justice a été reconstituée, la magistrature indigène surveillée, et comme preuve qu'elle en ait encore besoin, l'Empereur lui-même avoue « que les concussions des *adouls* sont un des maux de la justice arabe. » Les adouls ne sont que des assesseurs greffiers; et quand les subalternes osent prévariquer, leurs méfaits seraient-ils possibles si les cadis, leurs chefs, ne fermaient les yeux? Et le silence de ceux-ci n'est-il pas une complicité qui devient souvent la participation principale et directe au méfait? Les incessantes révocations qui frappent la magistrature indigène confirment tout ce que chacun sait et voit, non-seulement en Algérie, mais dans tous les pays islamiques, au sujet des juges musulmans; aussi, croyons-nous rendre hommage à la clairvoyance impériale, en reconnaissant dans la mise en cause des *adouls* seuls un voile discret jeté, par ménagement politique, sur la conduite des magistrats indigènes.

Est-il vrai, au surplus, qu'en « chargeant les tribunaux français de connaître, en appel et en dernier ressort, des questions qui sont, chez les Arabes, du pur domaine de la religion, telles que les mariages, le divorce, les successions et autres matières réglées directement par le Coran, cela leur répugne autant pour la forme que pour le fond; » est-il vrai encore que la faculté d'option, entre nos cours d'appel et les *medjelès* musulmans, soit illusoire, parce que les medjelès n'existent que sur le papier, et n'ont jamais été constitués en réalité?

Sur ce dernier point, c'est au ministre de la guerre, chargé d'organiser la justice indigène, à expliquer l'écart signalé entre ce qui devrait être et ce qui est. Son Excellence aura dû répondre probablement que si les nominations faites n'ont pas abouti à la constitution des tribunaux en activité, la faute en est aux indigènes eux-mêmes, qui, nulle part, n'ont invoqué les lumières et la conscience de ces magistrats de leur race, et qui ont mieux aimé recourir à notre juridiction, laquelle possède en abondance tout ce qui manque aux musulmans.

Placé à côté de la justice, et d'un accès entièrement

libre, le notariat français obtient les mêmes préférences : le compte-rendu de la justice civile et commerciale pour 1863 constate que, dans le cours de cette année, les notaires français ont reçu 782 actes entre musulmans. Comme ici nulle contrainte ne peut être soupçonnée, il faut bien avouer que les indigènes ont beaucoup plus de foi dans l'honnêteté et le savoir de nos officiers ministériels que dans les talents et les vertus de leurs cadis. Ils sont donc les premiers auteurs de cette désorganisation de la justice musulmane dont l'Empereur se plaint.

Quant à la juridiction facultative attribuée aux Cours d'appel sur les jugements de première instance des magistrats indigènes, elle a été imposée par l'expérience. Un décret du 1er octobre 1854, faisant aux mêmes scrupules que révèle le manifeste impérial une entière concession, livra la justice entre musulmans aux seuls magistrats de leur religion. Au bout de cinq années, il fallut revenir sur cette marque de confiance, et rouvrir la porte à l'intervention de la justice française. Le scandale de l'iniquité et de l'ignorance avait pris des proportions intolérables, ainsi que le constate le passage suivant d'un rapport du ministre de l'Algérie et des colonies, en 1859 :

« Protégés par leur omnipotence, les décisions des tribunaux musulmans ont donné naissance aux réclamations les plus vives. Plus d'une fois les indigènes, dans l'impuissance où ils étaient de s'adresser à nos magistrats pour obtenir la réformation des jugements de leurs tribunaux, ont fait retentir les Cours d'assises de leurs plaintes contre la corruption de leurs juges. Des arrêts ont dû en flétrir quelques-uns ; et si, dans quelques occasions, on n'a pas sévi autrement que par la destitution, c'est que, sans profit pour les justiciables, on aurait déconsidéré une institution à laquelle les Arabes étaient forcés d'avoir recours[1]. »

Au surplus, le gouvernement français ne saurait rester indifférent à toute législation relative à l'état des personnes et des biens, sur le motif que le Coran règle ces matières. On pourrait dire qu'il les règle d'une manière si sommaire et si confuse que toute une bibliothèque de commentaires a dû suppléer aux lacunes de la législation par une jurisprudence variable suivant les temps et les pays. Mais le Coran eût-il tout réglé, il devrait subir en cela le même sort que la Bible et tous les autres livres saints, qui ont mêlé le spirituel et le temporel. Sous peine de mettre leurs adeptes hors de la civilisation, il faut dire que la foi n'est pas atteinte par des modifications aux règlements des intérêts. A se jeter à la traverse de ce principe, l'islam serait emporté tout entier; mais il fléchira comme ont fléchi d'autres religions; il acceptera, comme elles, la seule interprétation raisonnable de sa loi : la séparation des deux ordres d'idées et d'intérêts. Ne l'a-t-il pas déjà fait en Kabylie, dont les populations, toutes musulmanes qu'elles sont, n'admettent pour loi civile que leurs coutumes? Les questions de successions et de propriété en général sont, de leur essence, étrangères à la religion, et rien ne montre mieux que cette confusion en quoi le caractère arriéré du Coran est incompatible avec l'esprit moderne. Si on lui accordait sur toutes choses un respect qu'il ne mérite pas, le livre tuerait l'idée; le passé tuerait l'avenir; ou plutôt le livre et le passé disparaîtraient sous la faux du progrès.

[1] Rapport du 31 décembre 1859, par M. de Chasseloup-Laubat.

L'Empereur lui-même a brisé avec la lettre du Coran, en touchant aux impôts, à l'état civil et autres matières temporelles. Le bey de Tunis l'avait devancé, tout prince musulman qu'il est, dans la réforme des impôts. La République de 1848 avait aboli l'esclavage que le Coran sanctionne, sans aucune protestation des maîtres. Quand l'heure paraîtra venue d'approprier aux exigences de la civilisation la législation sur la propriété, sur les successions, sur les obligations, les indigènes s'y résigneront comme à une nécessité, s'ils ne s'en réjouissent comme d'une utilité.

La question est plus délicate, nous le reconnaissons, pour la polygamie et le divorce, qui touchent à l'intimité de la vie domestique. Une agression directe contre des lois et des mœurs empreintes de barbarie, nous susciterait des obstacles dont nous ne devons pas entraver notre marche; et jusqu'à présent, fidèles à cette règle de prudence aussi bien qu'à la capitulation d'Alger, nous n'y avons pas touché. Mais, au nom du principe d'humanité, invoqué par l'Empereur, nous ne pouvons couvrir indéfiniment de notre bienveillant patronage l'abjection de la femme arabe, dont la déplorable condition a été maintes fois décrite. Dans les précédentes éditions la lettre impériale n'avait parlé de la femme arabe que pour se plaindre qu'elle dût se dévoiler devant les tribunaux français. Le passage a disparu, sans doute à la suite des rectifications qui ont été soumises à l'Empereur, et dont nous-même avons été l'organe dans l'*Économiste français ;* mais il n'y a plus d'allusion à la femme. Est-il possible cependant d'accomplir sur la société musulmane une réforme profonde et salutaire, sans améliorer le sort de la moitié féminine de la population? Pouvons-nous indéfiniment tolérer ces mariages à l'essai de tant de petites filles, que le mari garde ou ramène à la famille, suivant leur degré de nubilité? Pouvons-nous détourner les yeux de ces faciles répudiations et divorces qui font du mariage musulman une scandaleuse fiction? Malgré leur teinte domestique, religieuse même, de telles institutions et de telles mœurs exercent sur l'éducation des enfants, sur la conduite et les sentiments des hommes, et par contre-coup sur la société tout entière, une délétère influence qui ne peut être indifférente au gouvernement, lequel doit compte de son action à l'humanité et à la civilisation. De ces coutumes, dérivent, en outre, dans l'ordre économique, de funestes conséquences dont nous reparlerons.

Loin de manquer à aucun devoir, nous en remplirions un des plus importants en poursuivant, comme une mission sainte, l'élévation de la femme arabe au niveau de la femme kabyle, qui est, comme la chrétienne, en possession de sa dignité par la monogamie et par le visage découvert. Aucune contrainte ne serait nécessaire. Faites savoir aux Arabes que désormais la femme unique et le mariage fixe seront des titres à vos préférences pour les fonctions et les honneurs. Interdisez aux employés civils et militaires, recommandez aux citoyens de ne jamais encourager de leur présence les seconds et ultérieurs mariages. Que les Européens s'abstiennent, sur votre invitation, de jamais mettre le pied chez le mari de plusieurs femmes. Que les Françaises dédaignent de jamais pénétrer dans un harem. Usez d'ailleurs de l'ascendant légitime des vœux et des conseils pour faire stipuler la monogamie dans les contrats de mariage. Entourez de considération et attirez dans vos réunions l'épouse kabyle, à qui son mari ne défend pas de se montrer en présence des hommes. Refoulée par ces divers procédés d'une pression toute morale, la polygamie se réduira rapidement, et bientôt disparaîtra. Une administration française et chrétienne cessera d'être complice d'une dégradation qu'elle encourage en la tolérant sans aucun effort pour y mettre fin.

L'Empereur reproche encore à l'administration d'avoir laissé sans guide la nation arabe, livrée sans contre-poids à son fanatisme et à son ignorance. — Nous ne pouvons comprendre ce grief, tant il nous paraît opposé à la réalité. Le contraire serait plus exact. Depuis le ministre de la guerre jusqu'au commandant de la plus humble annexe de bureau arabe, tous les fonctionnaires militaires, et un peu aussi les civils, se sont constitués d'office les oracles, les moniteurs, les instituteurs du peuple vaincu. Que ne lui a-t-on pas envoyé d'instructions, adressé de discours, distribué d'arbres et d'instruments aratoires, prêté d'étalons, avancé de semences! Aux indigènes on a donné des écoles, édifié des maisons, creusé des puits artésiens, construit des canaux, des abreuvoirs, des fontaines, des routes et des ponts, des caravansérails. Enfin un journal arabe, imprimé à Alger par l'autorité française, *le Mobacher*, poursuit depuis bien des années sa mission d'éducation du peuple indigène.

En quoi donc les Français ont-ils désorganisé l'ancienne société arabe? En ceci seulement, qu'ils ont empêché, et à l'occasion puni l'assassinat, le vol, le viol, l'incendie, la guerre civile, qu'ils ont un peu contenu les exactions des fonctionnaires! En ceci encore, qu'ils ont cherché quelque peu à amoindrir les grandes familles et les grands chefs qui, après avoir fait la guerre contre nous, persévéraient dans leurs menées hostiles ! Pouvions-nous pousser la bénignité jusqu'à protéger et payer nos ennemis déclarés? Mais jamais famille, jamais chef qui ont accepté loyalement notre pouvoir, n'ont été diminués systématiquement, par haine d'une aristocratie que l'Empereur refuse de qualifier de féodalité : cependant l'hommage rendu, la corvée subie, la redevance payée, la justice imposée par les chefs, même héréditaires, ne sont-ce pas là, d'après l'histoire comme d'après l'Académie française, les caractères de la féodalité?

Que cette transformation — accomplie sur un territoire de 40 millions d'hectares, et en moins d'un tiers de siècle, — de l'anarchie en ordre et du brigandage en activité régulière, ait échappé à la pénétration et à l'équité de l'Empereur, notre patriotisme en a été affligé ; au lieu de l'éclatante approbation que méritait notre œuvre et que lui décernait l'estime des nations chrétiennes, la plume impériale, avec une sincérité trompée par de fausses ou de trop rapides informations, a ratifié les calomnies des détracteurs. Quand l'histoire entière, depuis la découverte du Nouveau-Monde, ne présente pas un pareil exemple d'une conquête aussi pleine de mansuétude, aussi pure de violence et de fraude ; quand nous remplissons en Afrique, avec un succès éclatant, le programme adopté presque au lendemain de la prise d'Alger, — la domination sans refoulement, sans extermination, sans oppression, — c'est le chef même de l'Etat, dont la parole resplendit de l'autorité du rang suprême et de l'éclat d'un talent supérieur, qui, à l'aveu louable de fautes administratives réelles, ajoute la confession publique de torts imaginaires ou très-exagérés ! Ainsi, après avoir semé l'honneur et la gloire, nous récoltons devant le monde l'humiliation ! L'histoire de l'Algérie, depuis trente-cinq ans, est la plus belle page de l'histoire de France, et l'une des plus belles de l'histoire moderne ; si les appréciations de l'Empereur étaient fondées, elle déparerait nos annales ! Nous le répétons, notre patriotisme est ému de ce désaveu immérité infligé à la croisade algérienne de la France en faveur de la civilisation, et c'est à la haute et impartiale raison de l'Empereur lui-même que nous ferons appel contre une première et trop superficielle impression, en continuant de discuter les principaux faits invoqués dans sa lettre.

### 4. Condition économique des indigènes.

La misère d'abord. L'Empereur la croit des plus extrêmes, et il en accuse tour à tour : 1° l'usure ; 2° les frais de justice ; 3° les baux onéreux ; 4° les impôts excessifs ; 5° la dépossession des meilleures terres ; 6° la réduction des surfaces cultivables et des pacages pour le bétail.

Avant tout examen de détail, un ou deux faits préalables sont à aborder : l'un est la hausse énorme de toutes les denrées et récoltes produites par les indigènes ; l'autre est la quantité, énorme aussi, des capitaux versés en Afrique par la conquête et la colonisation. Ces deux sources de revenu auraient dû, si d'autres causes ne s'y opposaient, porter très-haut la richesse des indigènes.

En effet, tout ce qu'ils produisent et qu'ils vendent a triplé, quintuplé de valeur. Ceci est de notoriété publique, et la mémoire de tous les vieux Algériens suffirait à l'établir ; mais des autorités plus positives ne sont pas inutiles à citer.

Dans un des meilleurs ouvrages qui aient été publiés sur l'Algérie [1], M. Genty de Bussy, intendant civil, a dressé (p. 213 et suiv.) le tableau comparatif du prix des denrées avant l'occupation et en 1833 : à cette dernière année, nous substituons 1865 et les prix actuels :

| | Prix moyen | |
|---|---|---|
| | avant l'occupation. | en 1865. |
| Froment, les 100 kilogrammes. . | 7 fr. 60 | 20 à 22 fr. |
| Orge, — . . | 3 35 | 14 à 15 |
| Laine [2], — . . | 50 » | 150 à 200 |
| Bœuf sur pied, par tête.. . . . . | 18 » | 150 |
| Cheval de travail . . . . . . . . | 55 » | 300 |
| Cheval de luxe. . . . . . . . . . | 186 » | 500 |
| Ane. . . . . . . . . . . . . . . | 15 » | 60 |
| Vache laitière et son veau. . . . | 46 » | 100 |
| Mouton. . . . . . . . . . . . . . | 4 à 5 » | 20 |
| Chèvre.. . . . . . . . . . . . . | 2 50 | 10 |

Pour tous les articles de consommation domestique, que les Arabes portent sur les marchés (beurre, œufs, poulets, fruits, charbon, bois), la hausse du prix de vente est la même, triple et quadruple : effet naturel de l'augmentation de la demande, émanant de l'armée et de la population civile, qui, depuis longues années, ont représenté au minimum 200,000 consommateurs nou-

[1] *De l'établissement des Français dans la régence d'Alger,* 2 vol. in-8°, 2e édit., 1835.

[2] Ce chiffre n'est pas fourni par M. Genty de Bussy.

veaux, et parfois 300,000. Au dehors est venu s'y joindre le débouché de la France entière, et un commerce facile et sûr avec toute l'Europe.

En leur qualité de producteurs, les indigènes n'ont pu que s'enrichir de cet accroissement de prix et de débouchés, comme feraient les cultivateurs français, si, par un don inespéré du sort, ils voyaient plus que doubler le prix de toutes leurs denrées : le blé à 50 ou 60 francs l'hectolitre, et tout le reste à l'avenant.

Ce courant de fortune a dû s'alimenter à une seconde source économique : les dépenses officielles et autres dont l'Algérie a été l'occasion. Suivant les calculs, les dépenses du gouvernement français, depuis 1830, flottent entre 2 ou 3 milliards : le commerce a fait lui-même pour 3 milliards d'achats ou de ventes ; les capitaux consacrés à la colonisation doivent atteindre au moins ce niveau. Quelque large part qu'il y ait à faire, pour le dehors aux prélèvements de la France et de l'étranger, à ceux des Européens et des Israélites au dedans, et ces sommes diverses ne fissent-elles en tout que 5 à 6 milliards, parce qu'elles rentrent en partie les unes dans les autres, les indigènes ont dû en recueillir leur contingent sur de larges proportions.

Le chiffre croissant des exportations de l'Algérie, convertit cette déduction en pleine certitude : parties de zéro à peu près en 1830, elles ont atteint 104 millions en 1864. Bien que ce mouvement dérive surtout de l'excitation donnée par l'intelligence, l'activité, la spéculation des Européens, la matière première, si on peut dire, en est principalement indigène, et les prix d'achat entrent d'abord dans les bourses indigènes.

Si ces flots d'or et d'argent versés par la conquête et

la colonisation n'étaient plus chez les habitants du pays, où se seraient-ils écoulés?

Serait-ce dans les mains des *usuriers*, l'une des plaies que dénonce la lettre impériale? Mais quand le cultivateur vend très-bien ses récoltes, qui l'oblige à emprunter à des conditions oppressives? Ou ses goûts de dissipation, ou quelque force étrangère. L'usure est elle-même un effet et non pas une cause première de la détresse. Elle ne peut, d'ailleurs, prendre les proportions exorbitantes que révèlent quelques exemples cités par l'Empereur, sauf dans des cas tout à fait exceptionnels, et par cela même fort rares : si des taux de 100 pour 100 et au delà étaient la règle, il s'ensuivrait la ruine immédiate des emprunteurs, qui payeraient, ou celle plus sûre des prêteurs qui ne seraient pas payés, ce qui serait le cas habituel. De telles opérations, qui sont à peu près toujours des avances de grains en une saison, remboursables en une autre, se traduisent en profits ou en pertes pour les prêteurs, suivant les récoltes et les cours; ce sont des spéculations anormales, mais qui ne peuvent ruiner qu'un petit nombre de malheureux n'offrant aucune garantie : l'excès de risque reparaît donc toujours comme la vraie cause de l'usure criante.

Au-dessous de ces cas exceptionnels se présente, comme situation habituelle, un niveau généralement très-élevé de l'intérêt, variant de 10 à 20 pour 100 par an. Faut-il se récrier contre ce taux, comme usuraire? Très-lourd, oui; usuraire, non : d'abord, parce que là où la loi ne fixe pas de limite à l'intérêt, l'usure ne peut consister que dans l'exploitation des besoins extrêmes au profit du capital; des taux courants et habituels, même élevés, ne la constituent pas. Quand des Etats, tels que le Mexique et la Turquie, empruntent à 12 et 14 pour 100, quand les monts-de-piété prêtent à ces mêmes taux, il est assez naturel que des indigènes, offrant moins de garanties et plus de risques que des Etats et des débiteurs civilisés, ne trouvent pas du crédit à de meilleures conditions.

Ces conditions meilleures existent, même en Algérie, pour les emprunteurs qui présentent des garanties dégagées de risques graves : par le jeu naturel de l'offre et de la demande des capitaux, les placements hypothécaires se font de 8 à 12 pour 100, et ils auraient baissé au-dessous de 8 si l'Algérie agricole n'avait pas été livrée à l'instabilité administrative et à l'incertitude politique, dont le gouvernement seul est responsable. La Banque de l'Algérie prête couramment au commerce sur le pied de 6 pour 100, et fait de bonnes affaires.

Que l'Empereur procure de l'argent aux habitants de l'Algérie à meilleur marché, il sera béni de tous; mais des sociétés de capitalistes prêteront-elles aux douars sur le gage de leurs communaux, biens insaisissables, incessibles, indivis, dont la vente, en cas de non-payement, serait impossible ou provoquerait une expropriation et probablement une rébellion de la tribu? Nous ne pouvons croire à tant de philanthropie de la part des institutions de crédit; sinon, qui empêche les Crédits foncier et agricole de la déployer dès à présent? Les simples particuliers, tels que ceux dont la lettre impériale raconte les douloureuses nécessités, resteraient d'ailleurs exposés au même embarras. Pour eux, la lettre impériale n'indique pas même un palliatif : il ne peut se trouver que dans la propriété privée et le droit commun, fécondés par le travail et l'épargne, les deux colonnes du crédit, dont la lettre impériale, à notre surprise, ne parle pas.

Les milliards versés en Algérie par la conquête et la colonisation auraient-ils été absorbés par l'*impôt*, que l'Empereur accuse d'excéder les forces productives de la population indigène? Des calculs, cent fois répétés et jamais discutés ni réfutés, répondent à cette hypothèse. Ils établissent que les contributions indigènes à tout titre, réparties par tête, donnent une moyenne de 7 à 8 francs [1], 10 francs au plus, charge qui ne peut, en aucun temps ni aucun pays, passer pour excessive. C'est un total d'une vingtaine de millions par an, depuis quelques années seulement. Pendant une première période, les contributions furent à peu près nulles; pendant une seconde période, elles n'atteignirent pas 10 millions. Le total, depuis l'origine, ne dépasse pas 2 à 300 millions de francs, une faible partie des apports de la domination et de la colonisation.

La critique de l'Empereur est mieux fondée quand elle accuse l'impôt arabe de reposer sur une assiette défectueuse et d'atteindre le principe même du développement agricole. La charrue, la récolte, le bétail, l'arbre fruitier ne donnent pas une bonne mesure de la force productive et de la dette contributive de chacun. La critique devrait conclure au remplacement de ces divers impôts par l'impôt foncier, suivant la promesse plusieurs fois faite au nom du gouvernement. Cependant, la seule mesure proposée sur ce point consiste « à prendre pour assiette de l'impôt, en territoire militaire,

[1] Voir surtout la démonstration dans *l'Algérie devant l'opinion publique*, par le docteur Warnier, page 33.

la moyenne des contributions pendant les dix dernières années, en dégager un impôt unique, invariable pour dix ans, le répartir par tribu et par fraction de tribu bien délimitée, et le faire percevoir par les *djemmaas.* » L'assiette primitive subsiste avec son vice fondamental; les fluctuations annuelles disparaissent seules, avantage certain dans les années abondantes, mais bien douteux dans les mauvaises.

Dans le territoire civil la lettre impériale propose « de convertir en un impôt unique, fixé une fois pour toutes, les diverses contributions dues à la commune par l'Arabe admis dans un centre européen, » et de le faire payer en une seule fois. En proposant ce changement, le programme impérial considère comme une vexation le payement échelonné et partiel de l'impôt qui, en territoire civil, est réclamé à diverses reprises au contribuable, tandis qu'en territoire militaire le débiteur se libère en une fois. Cette opinion est-elle fondée? Le payement intégral de l'impôt n'est-il pas un pire système? Que penseraient les contribuables français si la libération facultative par douzième était remplacée par un payement obligatoire en bloc et d'un seul trait? Un tel mode de s'acquitter suppose une prévoyance à long terme et une abondance d'argent qui sont le privilége de quelques rares citoyens. En Algérie, où le temps a moins de prix qu'en Europe, où la prévoyance est plus rare, les libérations partielles nous paraîtraient au contraire un bienfait à octroyer aux indigènes, car il est bien connu que l'obligation du payement intégral en une fois aggrave leurs charges, en les mettant dans la nécessité de vendre leurs récoltes à tout prix, au même moment, pour faire beaucoup d'argent ou d'emprunter à gros intérêts. Cette nécessité fait baisser les grains ou devient une des causes de l'usure, qui a échappé à l'Empereur, et que la réforme par lui proposée ne pourra qu'aggraver.

L'impôt communal en territoire civil, étendu aux Arabes par l'effet d'une annexion que l'Empereur qualifie de manœuvre fiscale, est aussi facile à justifier. Loin d'être « une lourde charge dont l'indigène tire peu de profit, » cet impôt est une charge légère qui lui profite beaucoup. Pour quelques francs de taxes municipales il jouit de la viabilité et de la police communales ; des marchés, des fontaines et abreuvoirs, des ressources du commerce et de l'industrie, des avantages de l'administration. Participant à la sécurité et aux jouissances, n'est-il pas juste qu'il concoure aux dépenses?

C'est ici que l'Empereur a emprunté à M. Georges Voisin une citation, de laquelle il résulterait que « les populations arabes, kabyles et sahariennes fournissent l'impôt et que la population européenne le consomme... Dans la province de Constantine, la population européenne est entretenue par l'Arabe à raison de 50 francs par tête ; à Oran, à raison de 28 francs ; à Alger, à raison de 18 francs. » Et M. Georges Voisin étaye cette imputation de la déclaration de M. Levert, préfet d'Alger, à la session de 1860 du Conseil général d'Alger. Vérification faite des procès-verbaux, il en résulte que M. Georges Voisin a, grossièrement et audacieusement, falsifié la pensée de M. Levert. Ce fonctionnaire entendait seulement constater que les cinq dixièmes de l'octroi de mer, attribués à titre de subvention de l'Etat aux conseils généraux, profitent en plus forte proportion aux provinces de Constantine et d'Oran qu'à celle d'Alger, et pour cela il rapportait son calcul au nombre des Européens dans chaque province. Mais M. Voisin a-t-il pu ignorer que les dépenses votées par les conseils généraux sont *provinciales*, c'est-à-dire embrassent le territoire militaire aussi bien que le territoire civil, profitent aux indigènes comme aux Européens, et que si une proportion plus forte, comparativement aux étendues, se dépense en territoire civil, elle s'applique à des frais d'administration et de viabilité qui sont presque tous d'un intérêt général, parce que les villes et leurs banlieues, ainsi que les principaux centres de population, sont le rendez-vous obligé de tous les administrés? Tout centre reçoit plus que la circonférence.

L'Empereur a donc été, sur ce point, trompé comme le public par M. Georges Voisin : il n'y a pas à insister. Il y a seulement à conclure que, malgré l'inégalité, ou la mauvaise assiette, ou la mauvaise perception des impôts indigènes, ils sont, en somme et en moyenne, très-légers, de 7 à 10 francs par tête, la huitième partie à peine de l'impôt que paye chaque Européen, principalement par la voie des impôts indirects. Ce que les Arabes versent au delà de cette moyenne,—et il paraît bien qu'ils payent beaucoup plus,—n'entre pas dans les caisses du Trésor. Il est à regretter que l'Empereur ne dise pas où passe cet excédant : il avait, pour tout dire, une liberté qui nous manque et que nous suppléerons pourtant de notre mieux dans le cours de ce travail.

Les milliards dépensés en Algérie et dont la circulation devrait exclure la misère, ont-ils été absorbés par les *frais de justice*, que l'Empereur incrimine très-sévèrement? Quelque chose sans doute de tout cet argent a pris cette direction, et l'on ne saurait trop le regretter, aussi bien pour les colons que pour les indigènes. Les uns, comme les autres, gémissent des lenteurs et des frais de la procédure, de l'éloignement des tribunaux, de la durée des instances, et d'avance ils applaudiront à tout ce qui simplifiera et allégera le mécanisme judiciaire. — Mais on espérerait en vain renoncer « aux actes, aux protêts, à tout cet attirail dont l'huissier est l'agent principal et qui fonctionne avec une grande activité en Algérie. » L'illusion ne résisterait pas à l'expérience. La justice barbare est plus rapide, il est vrai, et moins coûteuse : en quelques minutes elle bâtonne, elle coupe les têtes et tout est dit. Mais les Arabes, eux-mêmes, ont acquis à notre contact un assez noble sentiment de leur dignité pour être humiliés de ces procédés turcs. Ils veulent des tribunaux et des jugements : comment, avec des juges, se passer tout à fait d'avocats, de défenseurs, de greffiers, d'huissiers, tous personnages qui coûtent cher, nous l'avouons? Le secret n'en a encore été découvert en aucun pays civilisé, et l'Algérie ne fait que suivre, à cet égard, la loi commune.

Il est à remarquer que le programme impérial, dans les seules mesures qu'il propose pour la réforme judiciaire, accroît les dépenses. Il veut, suivant le vœu universel, instituer une cour d'appel dans chaque province, et, en attendant la cour, un tribunal d'appel. De nouveaux crédits seront nécessaires. Il veut que les délais d'appel courent désormais non plus du jour du jugement, que souvent la partie condamnée ignore, mais du jour de la notification à la personne ou au domicile : c'est rationnel, sans doute ; mais quel surcroît de frais, quand les huissiers (il faut toujours bien en arriver à eux, sous ce nom ou un autre) devront, à travers les vastes solitudes du Tell ou du Sahara, aller à la découverte du plaideur condamné, atteindre sa personne et son douar nomade, pour lui signifier un jugement !

Après tout, les frais de justice sont plus élevés encore pour les colons que pour les indigènes : cherchons donc ailleurs les causes de la misère des Arabes. La lettre impériale cite les *locations des azels* ou terres domaniales, à des prix excessifs, sous les feux des enchères : à reconnaître le fait pour vrai, il n'a qu'une portée locale et restreinte ; les *azels* ne constituant qu'une portion assez médiocre de la totalité des terres cultivables, pour laquelle il s'en faut qu'il y ait partout une concurrence effrénée. — Les exemples invoqués par l'Empereur sont loin, d'ailleurs, d'être concluants à cet égard. « Une *djebda* (environ 10 hectares), louée, il y a dix ans, 60 et 75 francs à peine, s'afferme aujourd'hui jusqu'à 250 et 300 francs. » Cela ne fait, après tout, que 25 à 30 francs par hectare, prix qui n'a rien d'excessif pour des terres à blé, généralement excellentes, et qui est dépassé en maints endroits, dans les locations librement débattues entre particuliers. Les prix des céréales avaient amené, dans ces dernières années, une hausse qui explique naturellement la hausse des baux : avec la baisse des cours, très-probablement, les locations baisseront. En un pays où les six septièmes de la terre sont encore incultes, les fermiers ne se peuvent dire forcés de rechercher à tout prix, par l'excès de concurrence, les fermages domaniaux. Après tout, le Domaine est libre de céder ses terres de gré à gré à de meilleurs prix : la fortune publique ne se ressentira pas plus de sa libéralité que de sa rigueur : elle dérive de causes bien plus générales.

Faut-il enfin rejeter la misère arabe sur la dépossession des meilleures terres, « par un funeste et injuste entraînement de la conquête, » suivant les déclarations de la lettre impériale; imputation, de toutes la plus grave, parce qu'elle touche au plus vif de l'économie rurale et de l'équité politique?

L'étude des faits et des chiffres est loin de confirmer cette appréciation, qui suppose trois conditions : 1° que les Européens ont obtenu, en proportion considérable, des terres jusque-là cultivées par les indigènes; 2° que cette dépossession a été pour ceux-ci une cause de gêne par l'insuffisance ou la mauvaise qualité de ce qui leur est resté; 3° que les terres ainsi attribuées à la colonisation étaient un domaine privé.

Ces trois conditions manquent à la thèse impériale. Il n'est pas contesté que la surface du Tell, le pays de la culture, comprend 14 millions d'hectares : que croit-on que les colons aient obtenu sur cette vaste étendue qui fait le tiers de la France?

| | |
|---|---|
| Au 31 décembre 1862, il avait été concédé, en tenant compte des déchéances[1]. . . | 407,101 hectares |
| En 1863, il a été concédé. . . . . . . . . | 18,488 — |
| Total. . . . . . | 425,679 hectares |
| En 1863, il en a en outre été vendu. . . . | 2,535 — |
| Total général. . . . . | 428,214 hectares |

Avec les ventes officielles, faites dans les premières années de la conquête; avec celles, extrêmement rares et bornées, des années suivantes, on atteindrait, au plus, le total de 500,000 hectares, soit un VINGT-HUITIÈME

[1] *Tableau de la situation des établissements français en Algérie*, année 1862, p. 193.

du Tell, l'équivalent d'un simple département. Si les colons ont porté le lot de la colonisation, par des achats directs aux indigènes, à 6 ou 700,000 hectares, les vendeurs qui ont librement aliéné leurs terres, qui en ont touché le prix, ne peuvent, certes, se plaindre de cette aliénation comme d'une dépossession administrative.

Mais le calcul qui précède donne une idée exagérée de la part faite aux colons, car les indigènes ont eu leur bonne part des concessions. Le *Tableau des établissements français en Algérie*, pour 1863, nous apprend que, sur le nombre d'hectares concédés cette année, les indigènes en ont obtenu 4,520, près du quart, proportion qui s'applique à toutes les opérations antérieures. Ce demi-million d'hectares restât-il entier, quel dommage sérieux peut causer la dévolution aux Européens d'*un* hectare sur *vingt-huit*, en un pays qui ne compte que quatorze habitants seulement par kilomètre carré?

Enfin, beaucoup de cultivateurs indigènes n'ont pas même été déplacés; ils sont restés, à titre de colons particuliers, sur les terres qu'ils occupaient, avec cette différence dans leur condition, qu'au lieu d'avoir affaire au *beylik* turc ou à des seigneurs cupides qui prélevaient l'impôt et les redevances sans rien donner au sol, ni capital, ni intelligence, ils ont eu affaire à des propriétaires qui ont fécondé le travail indigène par leur propre travail et leur argent, par leurs connaissances et leur activité. Les rendements sont plus élevés, les redevances égales, l'aisance supérieure. Ceux-là mêmes qui ont été déplacés ont trouvé dans le voisinage autant de terres vacantes qu'ils ont pu en cultiver, et en outre de nouveaux débouchés.

En second lieu, les prélèvements ont-ils au moins attoint les meilleures terres, comme le dit la lettre impériale? Nous n'avons qu'à consulter nos souvenirs pour savoir que, dans la province d'Oran, le principal territoire de colonisation se déploie autour de cette ville et sur le littoral entre Oran et Mostaganem, c'est-à-dire dans des terrains qui semblaient condamnés à une éternelle stérilité. Dans le reste de la province, et ailleurs sans doute, bien que des oasis de colonisation se soient trouvées dans de meilleures conditions, partout le palmier nain, le jujubier épineux, toutes sortes de plantes sauvages et de broussailles arborescentes avaient envahi le sol; et ce n'est que par un travail héroïque de défrichement, dont le coût varie entre 100 et 400 francs par hectare, que les colons sont parvenus à tirer parti de la fertilité réelle de cette terre. Toute la valeur actuelle du sol, ils l'ont créée. L'Arabe, qui ne les avait pas devancés dans le travail, aurait pu les imiter : il ne l'a point fait. Or, quand l'Empereur, en traversant le pays, a vu au pouvoir des Européens, des champs, des prés, des plantations de la plus belle apparence, aux mains des indigènes les récoltes les plus chétives, les bestiaux les plus maigres, si on lui a dit que cette inégalité tenait à l'iniquité du partage qu'avaient fait les vainqueurs « par l'entraînement de la conquête, » on l'a trompé.

Enfin, les terres, ainsi dévolues à la colonisation, bonnes ou mauvaises, étaient-elles domaniales ou non? Domaniales, elles étaient la propriété légitime de l'Etat, qui a eu le droit incontestable d'en disposer au mieux de ses intérêts, entre lesquels compte en première ligne la sécurité que lui donne une population fidèle et civilisée, faisant contre-poids à une population ennemie la veille, et dont la « docilité » n'est pas encore bien enracinée. Non domaniales, les terres étaient, suivant le droit commun, exposées à l'expropriation pour cause d'utilité publique, moyennant indemnité, et au séquestre pour cause d'hostilité à main armée. A moins que pendant trente-cinq ans, tous les gouvernements, y compris celui de l'Empereur, aient systématiquement violé les lois et les décrets, les règlements et les instructions par eux-mêmes promulgués; qu'ils aient audacieusement trompé le pays, tous les territoires de colonisation, officiellement concédés ou vendus, rentrent dans l'une de ces trois catégories de dépossession légitime; mais nous n'admettons pas la possibilité d'un abus de la force et de la fraude qui serait resté inconnu et impuni. A part la loyauté des chefs de l'administration, les plaintes des victimes auraient retenti devant les tribunaux et dans la presse, où les défenseurs officieux ne leur ont jamais manqué. Que l'administration du Domaine fût à la fois juge et partie; que le recours au Conseil d'Etat fût souvent illusoire, on ne peut l'admettre d'une manière absolue sans faire de nos institutions la plus sévère critique; à côté et au-dessus du Domaine et du Conseil d'État se trouvaient, d'ailleurs, les gouverneurs généraux, les ministres, les chefs du gouvernement, dont l'amour de la justice et l'amour de l'obéissance passive inclinèrent en tout temps les sympathies vers les indigènes plutôt que vers les Européens. Le remède au mal, quel qu'il soit, se trouverait dans l'attribution aux tribunaux civils de tout procès sur l'application des règlements administratifs. Si l'Empereur eût proposé cette réforme, la voix publique l'en eût remercié, aussi bien celle des colons que celle des indigènes; mais elle ne figure point dans son programme.

Un chiffre officiel réduit à leur valeur les doléances des Arabes ou plutôt de leurs champions, qui ont eu l'art d'inspirer quelque confiance à l'Empereur. Les indigènes ont si peu manqué de bonnes terres, que, à dix ans d'intervalle, ils ont plus que triplé leurs ensemencements et quadruplé leurs récoltes :

En 1854, leurs céréales couvraient [1]. . 650,805 hectares
Et ils récoltaient . . . . . . 5,303,213 hectolit.
En 1863, leurs céréales couvraient [2]. . 2,229,717 hectares
Et ils récoltaient . . . . . . 22,752,006 hectolit.
En 1854, le rendement moyen par hectare était de 8 hectolitres; en 1863, il dépasse 10 hectolitres.

Double amélioration, pour l'étendue des terres et pour le rendement des récoltes : exactement le contraire de ce qui a été dit à l'Empereur.

Au sujet des herbages, il n'y a pas même de chiffres à invoquer : tout le pays n'a pas cessé d'être un vaste pâturage.

L'affaire des forêts est plus complexe. Le service forestier a été, croyons-nous, trop envahissant vis-à-vis des colons aussi bien que vis-à-vis des indigènes; les ménagements que l'Empereur prescrit paraissent aussi conformes à l'économie rurale qu'à l'humanité et à la politique, sous une double et expresse réserve à ajouter : en échange de cantonnements, remplis d'essences frutescentes de médiocre qualité, qui peuvent sans inconvénient être livrés à la dépaissance, au défrichement, peut-être même à l'incendie, s'il est entouré

[1] *Tableau de la situation des établissements français en Algérie*, années 1852-1854, p. 543 à 567.

[2] *Id.*, année 1863, p. 187 à 197.

de précautions, tous les sommets des montagnes avec les croupes attenantes seront absolument interdits aux bestiaux, à la culture et au feu. Il y va de la conservation et de l'équilibre du climat algérien, dont les sécheresses et les inondations alternent d'une façon calamiteuse. Le service forestier doit remonter des plaines, où son action est tracassière et quelquefois inopportune, sur les hauteurs, où elle ne peut être que bienfaisante, et renoncer aux broussailles pour se contenter des vraies forêts.

En maintenant que les principes et les faits de colonisation ont été conformes au droit de propriété, nous n'ignorons pas que ce droit lui-même est livré, en ce qui concerne l'Algérie, à des opinions contradictoires, dont la lettre impériale porte les traces. On a déjà signalé, dans la troisième édition, comparée aux précédentes, une variante fort significative. Il avait dit d'abord :

« Les Arabes ont vécu jusqu'ici dans cette espèce de communauté territoriale qui est la loi des peuples d'Orient : ils n'ont qu'une notion imparfaite du droit individuel et de la propriété. »

La nouvelle édition porte :

« Les Arabes, ainsi qu'on est porté à le croire, n'ont pas vécu jusqu'ici dans cette espèce de communauté territoriale qui est la loi des peuples de l'Orient : ils ont une notion assez exacte du droit individuel et de la propriété. »

Les deux versions, qui ont l'air de se contredire, sont en réalité parfaitement conciliables, en ce que chez les Arabes domine le caractère de possession collective, avec la faculté et de nombreux exemples d'appropriation privée. Entre eux et les Européens, la différence consiste dans la proportion des deux modes de jouissance : chez nous, la propriété privée est la règle, la propriété collective est l'exception ; chez eux, c'est l'inverse. Mais au delà plus encore qu'en deçà de la Méditerranée, l'Etat a son domaine propre, attribut ou richesse de la souveraineté publique, qu'il n'aliène qu'à bon escient. Pour le revendiquer, il ne recule pas, en France même, devant le trouble apporté aux jouissances et aux habitudes des populations. Le décret sur le jardin du Luxembourg en est un récent et éclatant exemple.

Qu'il y ait eu, çà et là, en Algérie, quelques abus de zèle, quelques vexations dans le service des domaines et dans celui des forêts comme dans les autres, nous en doutons d'autant moins que, même en France, les populations se plaignent de tels écarts ; que les indemnités en nature ou en argent n'aient pas toujours été payées avant la prise de possession et suivant la dette, c'est probable encore ; car les colons eux-mêmes n'ont pas été mieux traités. Tous les administrés ont maintes fois souffert des excès de pouvoir que permet le régime administratif, dépourvu de publicité, de contrôle et de contre-poids, imposé à l'Algérie ; et nous ne voyons pas que le programme impérial avise à prévenir le retour de ces fautes par leurs vrais correctifs : la liberté de la presse locale et le droit proclamé de représentation politique. Mais dans toute la sincérité de notre critique envers le gouvernement métropolitain ou colonial, nous devons rendre hommage à son esprit de loyauté, d'équité, de ménagements envers les populations indigènes, que l'intérêt supérieur de la colonisation obligeait quelquefois de déplacer ou de resserrer. Les noms illustres à divers titres et honorés partout des Soult, Bugeaud, d'Aumale, Cavaignac, La Moricière, Changarnier, Charon, d'Hautpoul, Vaillant, Randon, prince Napoléon, Chasseloup-Laubat, Pélissier, Mac-Mahon, Blondel, Daumas, Martimprey, qui, depuis vingt-cinq ans, se sont succédé, à Paris ou à Alger, à la tête des affaires algériennes, feraient de tout reproche de spoliation systématique des Arabes une injure invraisemblable et imméritée. Des subalternes seuls ont pu, dans des cas bien rares, être coupables de torts dont l'influence, toute locale et passagère, ne saurait être opposée à l'esprit général et permanent d'indulgence et de générosité qui a caractérisé la politique de la France vis-à-vis les indigènes de l'Afrique septentrionale.

Dans l'histoire du monde, depuis cinq mille ans, on ne citerait pas un second exemple d'un peuple qui, maître, en vertu de la conquête la plus légitime, d'un vaste pays à peu près entièrement inculte, n'ait distribué à ses soldats ou à ses colons qu'*un hectare sur vingt-huit*, prélevés presque exclusivement sur les terres publiques. Une telle modération serait admirable par sa magnanimité, si elle n'était une timidité regrettable à l'endroit de la colonisation et une faute politique au point de vue de la sécurité et de la domination.

Ayant démontré que ce qu'il y a de misère chez les indigènes n'est imputable ni à l'usure, ni à l'impôt, ni aux frais de justice, ni à des locations excessives, ni à d'iniques dépossessions, nous allons dire quelles en sont les vraies proportions et les vraies causes.

Ce qu'il y a de misère chez les indigènes de l'Algérie dérive essentiellement de leur constitution sociale et économique, et non de l'influence étrangère, qui, sauf les moments de guerre, a été pour eux une source de revenus. Les causes de cette misère sont nombreuses et variées, car il n'est pas un seul détail de la vie arabe qui ne soit organisé au rebours des lois de l'économie politique et rurale. Tout y est établi de manière à rendre la production mesquine, l'administration domestique imprévoyante, la consommation ruineuse, les services publics onéreux. Reprenons.

L'âme de toute production, quelque peu intense, est la propriété privée; c'est le ressort moral, bien plus que matériel, qui, en inspirant l'amour du sol, inspire l'ardeur au travail, fortifie les bras, prépare le succès agricole. Le régime de la tribu, dont le programme impérial fait tant de cas, est la négation même de la propriété privée. La tribu, ce n'est pas, en effet, la commune civilisée, où quelques biens communaux servent de cadre et d'appoint à une multitude de propriétés et d'existences personnelles : la tribu exige la communauté intégrale du sol, reposant sur l'ensemble de tous les *contribules*, et n'admettant que des jouissances individuelles à courte durée pour le labour, les semailles et la récolte des céréales et de quelques légumes ou fruits. La récolte levée, tout rentre dans la possession commune, expression la plus radicale de deux des plus mauvaises coutumes de l'agriculture européenne, la vaine pâture et le libre parcours. Il n'est pas rare, à la vérité, que le même terrain se perpétue, par la sanction des chefs de tribu, au sein des mêmes familles et prenne le caractère d'une propriété héréditaire ; toutefois, une telle tolérance a beau accroître la sécurité, elle ne suscite pas dans sa plénitude l'esprit de propriété, qui suppose une absolue confiance dans l'inviolabilité du présent et la possession de l'avenir.

Même dans les cas rares, chez les Arabes, où la propriété est constituée à titre privé (*melk*), bien établie et bien garantie, l'indivision se perpétue, en vertu de la jurisprudence musulmane, entre les membres de la même famille et de génération en génération. De là un prompt retour aux abus de la communauté : ce qu'a bien pressenti notre Code civil en statuant que nul n'est tenu de rester dans l'indivision.

Les effets d'une constitution aussi peu économique sont faciles à prévoir. Personne ne veut défricher, fumer, labourer profondément, planter un terrain destiné à changer de main d'une année à l'autre; des labours superficiels accroissent les dangers de la sécheresse, si fréquente en Afrique. Le laboureur écorche la surface avec une mauvaise charrue, se gardant bien de toucher aux plantes parasites qui envahissent le sol et en absorbent les sucs, encore moins aux broussailles qui abritent les nids des oiseaux dévastateurs. Avec des soins aussi légers, le rendement ne peut qu'être léger lui-même, ce qui arrive infailliblement, à moins que des pluies très-abondantes, faisant taller les céréales, ne réparent l'impéritie de l'homme. Hors les années très-pluvieuses, les indigènes obtiennent seulement 6 à 7 hectolitres de blé, 9 à 10 hectolitres d'orge par hectare, deux tiers de moins que les Européens qui défrichent, qui labourent profondément; leurs récoltes sont extrêmement aléatoires. La lettre impériale accuse de ces médiocres rendements l'épuisement des terres par une culture continue, depuis que l'on a resserré les tribus, ou élevé les baux par la concurrence : mais les colons ne sont-ils pas dix fois plus resserrés que les Arabes? N'ont-ils pas des locations ou des charges plus lourdes? Les cultivateurs, en Europe, ne sont-ils pas plus restreints et plus grevés encore sur une terre naturellement moins fertile, sans que ni les uns ni les autres crient misère? Ceux-ci s'industrient pour opposer à l'épuisement du sol les fumures, l'alternance des cultures, des soins mieux entendus. Si les Arabes résistent à ces innovations, qui sont la loi même de toute économie rurale, est-ce une raison pour abandonner le pays entier à leur communisme ignorant et obstiné, qui a besoin d'immenses espaces pour nourrir une famille?

Des influences de race et de religion accroissent les effets d'une mauvaise organisation sociale. Originaire d'un pays livré à la vie pastorale et nomade, l'Arabe a porté en Algérie des habitudes errantes; il a en antipathie et en dédain le travail de la terre, suivant le précepte et l'exemple de son prophète; il n'a d'amour que pour les promenades vagabondes et les oisives contemplations. Le savant traditionaliste El-Bokhâri rapporte, dans son *Sahih*, au chapitre de l'*agriculture*, que le Prophète ayant vu un soc de charrue dans une maison appartenant à un de ses partisans médinais, prononça les paroles suivantes : « *Ces choses n'entrent pas dans une maison sans que la honte n'entre dans les âmes de ceux qui l'habitent* [1]. » Que ces sentiments survivent dans la société arabe, la lettre de l'Empereur le constate.

(Il s'agit des smalas de spahis, dont l'Empereur eût voulu, ainsi que des régiments indigènes, faire des colonies militaires sur la frontière du Tell) :

[1] Voir la lettre que M. Henri Fournel nous a écrite à ce sujet, dans *l'Économiste français*, t. IV (1865), p. 290.

« ... Mais comment ne pas se rendre à l'évidence des faits? Il sera toujours très-difficile de rendre agriculteurs les indigènes qui s'engagent comme soldats, ceux-là surtout qui entrent dans la cavalerie. Un général me disait : « On veut enrôler dans les escadrons de spahis des hommes de grande « tente, y faire venir des cavaliers, des jeunes gens de famille « qui ont l'horreur innée du travail manuel, qui, par leur « position, ne connaissent d'autre occupation que la chasse, « les courses à cheval, les fantasias ; autant vaudrait, à Paris, « enrôler les membres du Jockey-Club dans un escadron du « train. » Aussi, dans les smalas qui ont réussi, on m'a assuré que *les seuls travaux qui aient quelque importance ont été exécutés par des Européens*. (Page 79.)

« ... Pour arriver à ce résultat (l'éducation agricole), il fallait s'adresser à la population réellement agricole, aux fellahs et aux khammès, et non à ces cavaliers, qui ont pour le travail manuel la répugnance instinctive de toute aristocratie guerrière. » (*Ibidem.*)

Cette aristocratie, qui méprise le travail de la terre, ne comprend pas, comme au Jockey-Club, seulement les riches en petit nombre auxquels la fortune fait des loisirs ; elle comprend tout cavalier, c'est-à-dire tout le peuple arabe, sauf les prolétaires. Quiconque possède un cheval tient à honneur de ne rien faire !

Cette paresse se reflète dans l'organisation du travail agricole. Sur chaque lot de culture assigné à une famille, les labours, les semailles, l'enlèvement des pailles et le dépiquage sont confiés à un colon partiaire, dit *khammès*, c'est-à-dire le *cinquième*, parce qu'il lui revient pour sa part un cinquième de la récolte, avec quelques fournitures. Le principal rôle dans la moisson est confié à des journaliers kabyles ; le maître de la terre et ses enfants se contentent de surveiller les ensemencements, de chasser les oiseaux lors de la maturité des épis, de veiller au dépiquage et à la rentrée des grains en silos. Si largement que l'on établisse le compte de ces travaux, il est impossible d'arriver à y trouver quatre mois d'occupations tant soit peu sérieuses, dont le produit doit cependant faire vivre six à sept personnes par tête de *khammès*. Avec son cinquième du produit, comment ce dernier ne serait-il pas misérable, lorsqu'en Europe une moitié n'est pas jugée excessive? Mais au maître de la terre lui-même (on ne peut appeler propriétaire l'usufruitier à l'année), qui répond au *fellah* des autres pays musulmans, les quatre cinquièmes restants ne donnent pas la richesse, tant est modique le rendement. Cependant, à peu près tout est profit pour lui, et quand les cours sont tant soit peu élevés, il jouit d'une aisance relative. C'est par la vente avantageuse des céréales pendant plusieurs années que beaucoup d'argent s'est répandu dans le pays, aux mains des fellahs.

Il en est entré encore plus par la vente des laines, produit admirablement approprié au climat d'Afrique, aux goûts et aux habitudes des populations arabes. Si l'intelligence que leur reconnaît l'Empereur, et qu'annonce leur physionomie, souvent d'un beau type, était tant soit peu douée de ce sens pratique et prévoyant qui leur manque, les laines, les moutons et les autres bestiaux, qui composent leurs nombreux troupeaux, suffiraient à leur prospérité; mais l'inertie de ces races dépasse toute mesure. Après cinq mille ans de parcours au milieu de steppes gazonnés, avec des alternances périodiques d'abondance et de privations, elles n'ont pas encore conçu l'idée de faire provision de fourrages secs pour la saison où manquent des herbages; elles n'ont pas appris à se servir de la faux pour couper du foin, ni du filet pour le transporter en meule comme la paille. Quant au char à deux ou quatre roues, ou même la simple brouette, leur génie inventif ou imitatif ne s'élève pas jusque-là. Les Arabes ne savent pas même tondre leurs brebis avec des cisailles ; ils se servent à cette fin de la faucille qui coupe les blés, et qui blesse affreusement ces pauvres bêtes. Les Européens leur ont appris le peu qu'ils savent en fait d'instruments autres que la charrue et la faucille. Du reste, pas une sélection ni aucun croisement raisonnés, aucun abri contre les intempéries ; leurs animaux sont livrés au hasard des rencontres pour l'amélioration des types, au hasard des saisons pour la nourriture et la santé ; aussi chaque hiver rigoureux décime-t-il les troupeaux, dont les maîtres se résignent à ces calamités comme à la volonté immuable de Dieu. Un tel fatalisme amène d'irréparables pertes. Il amortit tout esprit de progrès et éloigne même la poursuite de la fortune par l'initiative et l'activité de l'homme. Le grand seigneur arabe méprise, comme indigne de lui, la spéculation agricole, ambition de petites gens. Les tributs prélevés, les dons reçus, les redevances imposées, sont les seuls canaux de la richesse dignes de sa noblesse ; le reste est pour les *mercanti*.

L'administration des revenus est au niveau de leur création : elle est inhabile et ignorante, parce qu'elle manque de son ressort moteur, l'esprit de famille personnifié dans l'épouse et la mère. Ici la polygamie nous apparaît sous un nouveau jour, aussi pernicieuse au point de vue économique qu'au point de vue moral. Suivant les lois de la nature, la femme doit présider à l'administration intérieure des ménages, où elle remplit les fonctions de conservation, d'épargne, de prévoyance à long terme, en vue des enfants à élever et établir. Par sa vigilance amie des détails, elle prévient ou corrige la dissipation des maris. Mais ces propriétés du mariage sont inhérentes à la famille monogame et fixe : elles s'affaiblissent et s'évanouissent là où la polygamie divise la sollicitude, suscite les jalousies, mêle des intérêts et des sentiments antipathiques. Dans cette confusion d'existences, chaque femme n'a souci que de soi et de ses enfants ; la fortune de la famille entière est étrangère à ses soins comme à sa responsabilité : elle ne comprend l'épargne que sous la forme de bijoux qu'elle se procure au moyen de détournements, quand la générosité du mari n'y pourvoit pas à son gré. Répété par trois ou quatre femmes, le même manége a bientôt réduit aux plus minces proportions la bourse d'un mari.

Ces fâcheuses dispositions d'esprit se retrouvent même chez la femme unique de l'époux arabe (condition la plus fréquente), parce que, toujours menacée d'une répudiation ou d'un divorce extrêmement faciles, elle n'a point, pour son âge avancé, cette sécurité qui invite aux épargnes pendant les années de jeunesse et de beauté. Pourquoi se priverait-elle aujourd'hui, au profit de la famille, quand demain elle pourra être renvoyée, à peu près au gré de son époux ? Elle amasserait pour la rivale qui lui succédera. Par l'instabilité des mariages, qui est un des vices fondamentaux de l'islamisme, les sociétés musulmanes se mettent hors de l'économie domestique, la sœur jumelle de l'économie politique. Où la femme est réduite à la fonction physiologique de reproduction, là manque la plus solide base de toute prospérité matérielle, aussi bien que de toute élévation morale.

L'homme, en qui se personnifie la famille entière, saura-t-il du moins administrer et faire valoir les revenus en argent que lui aura procurés la vente de ses grains, de ses bestiaux, de ses laines? Ce serait trop demander à l'Arabe. Il enfouira son argent dans quelque cachette, qu'il grossira furtivement de ses dépôts ; qu'il vienne à mourir avant d'avoir confié son secret à l'une de ses femmes, ou à quelqu'un de ses enfants, et le trésor est perdu. Tous les ans, des dizaines de millions, versés dans les mains arabes par le commerce, vont se cacher ou se perdre dans la terre, toujours, ou pour longtemps stériles. Amasser des épargnes, les conserver, les faire valoir, est une industrie que le Coran entrave en prohibant le prêt à intérêt. Le placement des capitaux en entreprises agricoles ou commerciales dépasse la portée d'esprit et blesse l'orgueil de la plupart des riches. Les caisses d'épargne d'ailleurs, suspectes parce qu'elles sont des œuvres chrétiennes, sont éloignées, et ne reçoivent que de petites sommes. Par ces causes multiples et toutes agissant dans le même sens, les profits de la production dépérissent faute d'administration économique, et à la première récolte qui manque, la misère pénètre sous la tente, dont le maître se voit poussé vers l'usure.

De ces embarras, pour conserver et faire fructifier les épargnes, doit naître la dissipation. Nouvelle source de détresse accidentelle. Plus qu'aucun homme au monde, l'Arabe aime les chevaux de prix, les harnais et les armes de luxe, les vêtements de parade. Il se plaît à briller dans les *fantasias* équestres, dans les solennités officielles, aux fêtes d'Alger, de Paris ou de Compiègne, dans les salons du gouverneur et des ministres. Généreux et vaniteux dans son hospitalité, il prodigue aux chrétiens des vins dont le prix exorbitant mesure, à ses yeux, le plaisir qu'ils doivent faire. Il sait à l'occasion élever sa munificence au niveau des services qu'on lui rend : le don déguise si aisément l'achat des consciences ! Enfin l'Arabe cultive avec ardeur certaines passions fort dispendieuses : l'amour légal distribué sur plusieurs femmes, dont le nombre et la parure flattent son orgueil, en marquant son rang ; l'amour illégal divisé sur autant de concubines et de maîtresses, blanches ou noires, chrétiennes ou mauresques, qu'il peut en payer ; enfin le jeu qui, simple passe-temps d'abord pour son oisiveté, ne tarde pas à devenir une habitude fiévreuse et une spéculation pour réparer les brèches faites aux revenus. Ajoutons la chasse aux lévriers.

Quelle fortune résisterait à de tels assauts, fût-elle alimentée par une active production et une habile administration ! Que peut-il advenir dans une société peu productrice, et moins encore capitaliste ?

Il s'y trouve néanmoins, à côté des oisifs et des prodigues, un certain nombre de chefs de famille aux habitudes à peu près laborieuses et régulières, qui devraient, semble-t-il, échapper à la ruine, sinon s'élever à la richesse. Cela est ainsi, et parmi les multitudes indigènes tous ceux qui travaillent, et savent conserver leur gain, flottent entre la misère et l'aisance. L'aisance même finirait par prévaloir, sans diverses sortes d'accidents que l'on peut, en mettant de côté les précautions oratoires, qualifier en deux mots : les corvées et les exactions.

Les corvées sont les journées d'hommes ou d'animaux que les indigènes sont tenus de fournir gratuitement à leurs chefs, dans certains cas déterminés par la coutume ou les règlements : quoique diminuées un peu par la vigilance de l'administration française, elles subsistent encore en des proportions très-oppressives pour les tribus. L'administration française elle-même y ajoute assez fréquemment ses propres réquisitions d'hommes, de chevaux et de mulets, qui, grossies de rang en rang, en descendant la hiérarchie des fortunes, pèsent d'un poids fort lourd sur la couche inférieure. Dans la lettre de l'Empereur, cette plaie vive est incidemment, mais nettement dévoilée.

« ... Mais si l'on ne voulait pas se servir de ces mulets pour monter les troupes, ils seraient toujours d'une immense utilité comme réserve, et l'on ne serait pas obligé, comme dans la dernière insurrection, de lever dans les tribus des quantités aussi considérables de mulets, qui meurent sur les routes, parce qu'ils sont impropres au service, et d'*imposer ainsi aux indigènes des charges énormes.* » (Page 70.)

« ... Les colonnes mobiles... sauveront les tribus *des horreurs et des désastres des réquisitions qui nous font tant d'ennemis, et ruinent le pays.* Rien n'égale le triste sort du requis, à la suite d'une colonne. Arraché à ses travaux, traité brutalement, point ou mal payé, pas nourri, couchant à la belle étoile, sa bête éreintée, que doit-il se passer dans le cœur de cet homme, quand il parvient à regagner sa tribu ? » (Page 71.)

Voilà enfin une partie de la vérité proclamée par l'Empereur ! Elle retombe non sur la colonisation, qu'on le remarque bien, mais sur l'administration militaire.

On peut rapprocher des réquisitions onéreuses pour les indigènes l'obligation de bâtir des maisons, qui a été imposée à beaucoup d'entre eux. Venu à son heure, en vertu d'une détermination spontanée, un tel emploi du capital est excellent ; mais prescrit par ordre avant d'être désiré par goût, il cause des dépenses premières qui se grossissent tous les ans de frais d'entretien, si on entretient ces demeures, et qui sont perdues si on les laisse tomber en ruine, ce qui est le cas ordinaire.

Que la plume impériale n'a-t-elle décrit, avec la même énergie, l'autre part de la vérité, celle qui retombe sur les chefs indigènes, dont les exactions pèsent en permanence sur les tribus, tandis que les réquisitions ne sont qu'un fléau intermittent ! La rapacité de l'aristocratie arabe est un mal chronique : tout le reste n'est qu'un accident.

Endémique de toute antiquité dans l'Orient, où la personnalité humaine, peu vigoureuse, n'a jamais su résister aux castes oppressives, cette peste des exactions féodales s'est naturalisée, en Afrique, avec l'islam, si favorable à l'autorité ; avec les pachas turcs, si brutaux pour les peuples vaincus. Comme hommage du vassal envers le sultan de Constantinople, le pacha ou le dey, suivant les époques, payait un tribut à la Porte ; ce tribut, il le récupérait au triple sur les beys des provinces et sur les autres fonctionnaires de sa cour, sous la double forme de l'investiture lors de l'entrée en fonctions, et des versements annuels. A leur tour, ceux-ci se remboursaient au quadruple sur les employés subalternes, et ainsi, de proche en proche, jusqu'à la vile multitude des contribuables. Tout hommage de circonstance, offert à un dignitaire, était de même recouvré en détail sur tous les administrés par une répartition arbitraire. On devine toutes les iniquités que devait engendrer cette série descendante et ascendante de fermiers de l'impôt et d'intermédiaires des dons ! Ce ne pouvait être que le brigandage fiscal à tous les degrés de l'échelle sociale.

De ces mœurs, développées par la cupidité des chefs et patronnées par la religion, les témoignages abondent à l'infini, et il serait vraiment superflu d'en citer aucun, si le silence gardé par l'Empereur sur ce système universel d'exactions ne faisait craindre que l'on ne soit parvenu à lui persuader que les scandales ont disparu, tandis qu'ils sont, quoique amoindris, bien vivaces encore.

On nous permettra donc d'invoquer quelques preuves.

Nous empruntons la première à un ouvrage de M. le colonel, aujourd'hui général de Ribourt, aide de camp du maréchal Randon.

« Le maréchal Randon recevait un jour la visite de quelques chefs de la province d'Oran qu'il avait autrefois connus. Un d'eux lui dit : « Quand donc me laisseras-tu manger ? » Le maréchal, qui lui trouve la mine prospère, s'étonne. — « Tu « ne me comprends pas, dit l'Arabe ; je te demande un com- « mandement. » Il voulait dire une de ces places de caïd où, de temps immémorial, par les amendes et les exactions, les chefs indigènes, selon l'énergique expression du pays, mangeaient leur tribu. » (*Le gouvernement de l'Algérie de* 1852 *à* 1858, p. 32.)

Voici un témoignage plus précis encore, que nous fournit M. le commandant Richard (autrefois chef du bureau arabe d'Orléansville), dans une excellente critique du programme impérial qu'il a publiée dans *le Toulonnais*, en décembre dernier :

« Quand le khalifa Sid-el-Aribi eut reçu l'investiture des mains du maréchal Bugeaud, dans les plaines du Chélif, il se rendit dans la tente du général Cavaignac pour causer un instant des affaires du pays, en ce temps-là fort troublés. « Avant « tout, nous dit-il, veuillez m'apprendre à qui je dois remet- « tre les 18,000 francs auxquels M. le maréchal vient de fixer « le prix de mon investiture. — Comment? lui répondis-je, « mais ces 18,000 francs sont le prix de tes appointements; « tu dois les prendre et non les donner. — Ah ! fit-il d'un air « indifférent, c'est une autre affaire. » Il me semble encore voir le sourire significatif que ce singulier malentendu excita chez l'illustre général, dont je m'honorerai toujours d'avoir été le disciple et l'ami.

« Le grand seigneur arabe, héritier des traditions turques, n'avait pu comprendre, tout d'abord, qu'en lui livrant une si riche toison à tondre, on lui payât encore une assez forte somme pour l'engager à l'accepter. »

Le khalifa Sid-el-Aribi a dû probablement justifier d'une évolution complète dans ses sentiments, pour avoir été, lors du voyage de l'Empereur, seul entre les Arabes, promu à la dignité de grand officier de la Légion d'honneur. Mais combien de ses pareils imitent ses habitudes anciennes plutôt que ses vertus nouvelles !

Un autre officier des bureaux arabes, M. le baron Jérôme David, député, a plusieurs fois proclamé son opinion sur les grands chefs indigènes, dans ses discours et ses écrits. Voici comme il s'exprimait, devant le Corps législatif, le 19 juin 1862 :

« Messieurs, tant qu'il y aura des chefs indigènes qui s'interposeront entre nous et la masse de la population indigène, l'Algérie ne sera pas définitivement acquise à la France. La suppression des chefs indigènes n'est pas une mesure qui doive nous effrayer et nous faire hésiter. Les chefs indigènes et leurs clientèles ne forment pas en Algérie plus de 4,000 à 5,000 individus. Et, puisque j'ai prononcé le mot de clientèle, permettez-moi de vous dire quels sont les clients des chefs indigènes. Ce sont les cavaliers qui assistent les chefs indigènes pour la rentrée de l'impôt, pour le versement des amendes, pour la levée des contingents, pour la police générale, enfin pour tous les actes du pouvoir exécutif. Figurez-vous ce que peut être la société indigène, en sachant que ces cavaliers sont des malfaiteurs de la pire espèce ; que, pour faire partie de la clientèle d'un chef indigène, la meilleure recommandation, c'est d'avoir été un voleur de profession, c'est d'avoir coupé les routes.

« Messieurs, vous ne m'accuserez pas d'exagération, en songeant que les chefs indigènes sont encore pris dans les grandes familles du temps des Turcs. Comment s'alimentait le trésor du dey ? par la piraterie, les razzias, les spéculations sur les captifs et la vente des prisonniers.

« Voilà, messieurs, quelle était la moralité du gouvernement turc à Alger, et les chefs indigènes s'inspiraient de ces exemples, et quand ils rentraient dans leurs tribus, ils faisaient en petit ce que le gouvernement turc faisait en grand.

« Ils ont conservé ces habitudes, elles sont invétérées, et malgré les efforts consciencieux des bureaux arabes, nous n'avons pu encore arriver à détruire le mal. Encore une fois, figurez-vous quel peut être l'état d'une société organisée et menée de cette façon. Nos intérêts, comme nos devoirs, nous indiquent et nous ordonnent de supprimer les chefs indigènes.

« Mais, messieurs, je veux vous montrer les chefs indigènes à l'œuvre.

« L'impôt arabe entre, dans la prévision de 1863, pour 12 millions de francs, qui, répartis sur 2,700,000 indigènes, donnent une moyenne de 4 fr. 50 c. par individu. Admettons que les indigènes participent pour 2,700,000 francs aux autres revenus de l'Algérie, cela fait 5 fr. 50 c. en moyenne pour l'apport de chaque individu indigène aux recettes de l'Algérie, tandis que l'apport européen par individu est en moyenne de plus de 30 francs, et en France l'apport est de 48 francs.

« Il n'y a qu'à réfléchir un seul instant sur ce chiffre de 5 fr. 50 c. Lorsqu'on est allé en Algérie, on sait que l'indigène est écrasé sous le poids d'impôts; les exactions des chefs indigènes sont très-grandes; ils gardent par devers eux la plus grande partie du revenu arabe. J'aurais beaucoup de choses à dire sur les chefs indigènes, mais je suis forcé de restreindre le cadre de mon discours. »

C'est assez : une notoriété unanime, éclatante, universelle atteste que ce même mal d'une exploitation inique des populations par leurs chefs est la plaie profonde de tout le monde musulman. L'Algérie n'est qu'un cas particulier d'une loi générale.

Dans la lettre de l'Empereur manque ce portrait d'une aristocratie, en qui l'habitude séculaire des spoliations a étouffé le sens moral, et supprimé la conscience; qui considère la déprédation des masses comme un droit sacré, et le frein qu'y oppose l'administration française, comme une atteinte à ses priviléges. Les incessantes révocations de caïds et de cadhis attestent la gravité résistante du mal. Quand une cause aussi manifeste de misère, d'agitations et de révoltes se déroule tous les jours et partout sous nos yeux, n'y a-t-il pas excès d'indulgence à la taire ou à la ménager, alors surtout que l'on fait, avec une sévérité sans faiblesse, le procès aux administrations civiles, à la colonisation et à l'armée elle-même? Le vrai, le principal coupable, pivot des désordres les plus graves, s'efface ainsi sous le couvert de responsabilités très-secondaires, et l'on porte le fer et le feu, sur les organes sains, à côté du membre gangrené.

Nous venons d'expliquer la misère arabe : par des

causes principalement arabes. Est-ce à dire pourtant que la civilisation n'y soit pour rien, et que le grain qu'on a semé soit pur de toute ivraie? On le croit volontiers, quand on fait de la civilisation l'expression de tout bien et de tout progrès; mais si l'on comprend que la civilisation est simplement la période de nos jours la plus avancée des sociétés humaines, à grande distance encore des périodes supérieures d'harmonie, de justice et de bonheur, l'on est conduit à reconnaître que le contact de cette société avec les sociétés inférieures entraîne certaines perturbations, les unes légitimes et inévitables, les autres illégitimes et devant être prévenues ou atténuées.

On doit compter comme troubles justifiés et inévitables, ceux qui tiennent à la supériorité :

De la science sur l'ignorance;

De la puissance mécanique sur l'impuissance manuelle;

De l'activité industrieuse sur l'oisiveté routinière;

De la prévoyance sur le fatalisme;

Du droit commun sur les priviléges;

De l'ordre sur l'anarchie et le vice.

Qu'un faisceau d'abus et d'iniquités soit brisé par toutes ces innovations civilisées, il n'y a qu'à s'en réjouir. On doit encore accepter comme légitimes, avec une nuance pourtant de regrets et avec des efforts d'adoucissement, certaines perturbations onéreuses aux populations : tel est le renchérissement des vivres et des salaires dans les villes où se presse une population nouvelle. Les anciennes familles mauresques, qui ne louent pas leurs maisons, se sentent appauvries. Quoique la faute en soit à leurs mœurs et à leur architecture plutôt qu'à la civilisation, un peu de pitié, quelques secours, quelques atténuations trouvent ici leur place : on peut faciliter leur émigration à la campagne, ou dans les villes de l'intérieur. L'expropriation de leurs immeubles, moyennant une large indemnité, devient pour elles un véritable bienfait.

Ce n'est pas qu'à l'intérieur l'accroissement de la demande n'ait renchéri aussi un certain nombre de produits consommés; mais il y a eu compensation, tant sur un grand nombre d'autres qui ont baissé (les tissus de coton entre autres, principal article d'achat pour les indigènes), que sur les denrées produites qui ont toutes, ainsi que nous l'avons établi, quadruplé et quintuplé de valeur, chances favorables à l'Arabe qui a ajouté fort peu de chose à ses consommations. A la campagne d'ailleurs ou dans les bourgades, la famille qui dévorait à Alger sa fortune dans une oisiveté ruineuse, est ramenée sans violence et sans humiliation à une existence quelque peu occupée.

Hors de ces réactions avouables, qui dérivent de son essence même, la civilisation s'est maintes fois rendue coupable de crimes et de vices qui l'ont déshonorée, l'histoire des colonies modernes ne l'atteste que trop : le refoulement ou l'extermination des indigènes, la corruption par l'eau-de-vie très-frelatée; la guerre civile par la vente de la poudre et des armes, le pillage, l'esclavage, la traite. L'Algérie a été heureusement préservée de ces horreurs, en partie par la sagesse et l'humanité des conquérants, en partie par la résistance des peuples musulmans à l'usage des boissons fermentées, un des meilleurs préceptes qu'il y ait dans le Coran. Quoique la civilisation ait bien à se reprocher quelques péchés : fraudes commerciales et civiles, violences de langage et de conduite, scandales d'immoralité, d'ivrognerie et d'injures, spéculations véreuses, indifférence religieuse, excessive âpreté au gain, etc.; ces torts, qui, au delà de certaines limites sont réprimés par la police ou les tribunaux, ne peuvent compter parmi les causes générales de démoralisation, de misère et d'agitation que l'Empereur constate dans la société arabe. Le mal vient du dedans et non du dehors; il était infiniment plus intense encore avant l'arrivée libératrice et rédemptrice des Français. Si l'on observe beaucoup de misère dans les territoires arabes voisins des centres européens, la faute en est aux indigènes, qui ont voulu, avec les *recettes* du patriarcat, se permettre les *dépenses* de la civilisation : à jouir en civilisé il faut travailler en civilisé, sinon les besoins factices croissent plus vite que les ressources. Veut-on continuer à vivre en oisif? Le Sahara ouvre ses solitudes aux fils de famille qui n'ont plus leur place et leur rang dans le Tell, livré à l'agriculture. Sans y être moins misérables, ils souffriront moins de leur misère, loin des tentations des villes.

### 5. Mesures proposées.

Nous avons dit que, même dans plusieurs des mesures, en elles-mêmes excellentes, qui dérivent du principe d'humanité, il y avait une nuance d'exagération. Sans rappeler nos observations sur la législation et la religion musulmanes, recommandées outre mesure, nous attribuons ce caractère à tout ce qui affecte de séparer l'indigène de l'Européen, là où ils pourraient et devraient être rapprochés. Exemples :

Fonder des orphelinats *musulmans* pour les garçons et pour les filles dans chaque province ;

Établir des salles *spéciales pour les indigènes* dans les hôpitaux.

Quand des fondateurs d'œuvres pies les réservent à des fidèles de leur culte, comme nous l'observons en Europe chez les catholiques, les protestants et les israélites, la liberté prescrit de respecter leurs intentions ; mais quand l'Etat fonde des établissements publics, aux frais d'un budget payé par tous, les distinctions de race et de culte doivent disparaître comme celles de couleur ; la charité sociale s'applique à tous indistinctement, et elle est entre eux un lien qu'il faut resserrer plutôt que détendre, aujourd'hui surtout que Kabyles et Arabes sont déclarés Français.

Au sujet de l'instruction publique *musulmane*, le programme impérial en réclame le développement, d'après l'exemple de Cherchell, où les enfants des deux cultes fréquentent les mêmes écoles : or, cette fusion des enfants, si conforme aux vœux des colons, exclut de l'instruction publique le caractère *musulman*. Nous voudrions aussi que la lettre impériale eût dit expressément que les écoles d'arts et métiers, pareilles à celles de Fort-Napoléon, seraient ouvertes à tous, sans distinction de race ni de religion.

D'après le programme, les condamnés indigènes aux travaux forcés doivent être détenus en un pénitencier spécial, moins à raison de la différence des mœurs, du culte et du langage, peu favorable à la discipline, que pour les préserver « du contact des condamnés européens qui achève de les pervertir. » Nous nous demandons quel degré de perversité de plus peuvent acquérir des bandits arabes, maîtres passés dans l'art de tuer, de voler de jour et de nuit, familiers avec toutes les horreurs de l'immoralité contre nature : quelques raffinements peut-être dans certaines pratiques subtiles! Y a-t-il pour cela à plaindre leur innocence menacée?

Nous trouvons pareille exagération de libéralité dans le projet d'élever le nombre des membres musulmans des Conseils municipaux en proportion de la population. Depuis le sénatus-consulte qui les naturalise en bloc, toute catégorie de membres indigènes et de membres français doit disparaître, les uns et les autres étant également français. Les choix par élection ou par nomination doivent porter sur les plus dignes sans acception d'origine. Il doit seulement être compris que les *citoyens* Français seuls, tant musulmans que chrétiens, peuvent être électeurs et éligibles. A ouvrir les scrutins et les salles municipales à l'invasion des indigènes *non citoyens français*, le nombre brut et la barbarie ignorante usurperaient la prédominance sur la civilisation. A Constantine, à Tlemcen et dans quelques autres villes, les indigènes formeraient de beaucoup la majorité des Conseils municipaux, bien que l'inculture de leur esprit les rende incapables de suivre les discussions et de rédiger les délibérations; les débats devraient avoir lieu en langue arabe, et un interprète être nommé à la minorité européenne, y compris les maires : l'inverse, en un mot, de ce que prescrivent la raison, la justice, l'intérêt public, qui réservent le gouvernement des cités à la supériorité d'intelligence et à la loyauté du patriotisme.

Autre exagération de libéralité.

Dans les tribus qui n'ont cédé aucune partie de leur territoire aux Européens, n'admettre les droits du Domaine que sur les portions de territoire reconnues par la tribu elle-même comme appartenant à l'État à un titre quelconque.

Ceci est la renonciation pure et simple de l'Etat à toute propriété qu'il plaira aux tribus de réclamer. Si cette règle est juste et sage en Afrique, pourquoi ne pas l'appliquer en France, et déclarer que tout ce qu'il plaira aux communes de revendiquer comme leur propriété leur sera cédé par l'Etat? Nous doutons qu'un tel abandon de la propriété publique soit conforme à la constitution.

En Algérie comme en France, comme en tout pays, l'Etat doit maintenir intacts ses droits de propriété, afin que s'il veut user de munificence dans un intérêt public, celui qui en profite accepte ses conditions et lui doive de la reconnaissance. Dans l'esprit du programme impérial, les tribus auront la faculté, par leur simple déclaration, de dépouiller l'Etat de ses biens les moins incertains.

Autre exagération de générosité dans le projet de rendre aux tribus que l'on a partiellement dépossédées, une étendue de terre équivalente à celle qui leur a été enlevée. S'il y a eu dépossession sans droit et sans indemnité, une telle restitution est de tous points un devoir; mais toujours, croyons-nous, les terres appartenant aux tribus ont été, conformément aux instructions des gouverneurs généraux, rachetées à prix d'argent, ou compensées par d'autres terres d'une valeur au moins égale, ou payées en travaux publics, plus précieux que le sol. Sera-t-il juste en ce cas qu'elles soient deux fois indemnisées, alors que les colons seraient heureux de l'être une bonne fois?

Il y aurait peu d'inconvénients à cette rétrocession ou à cet abandon aux tribus, si les terres qu'on leur livre ne tombaient en mainmorte. Là est le péril de toutes ces donations excessives. Le champ de la culture, de l'échange et de la civilisation en est restreint d'autant, car l'esprit de la lettre impériale est peu favorable à la constitution de la propriété privée, qui avait été annoncée comme étant le but du sénatus-consulte du 22 avril 1863. Sans désavouer cet acte constitutionnel, on se montre peu impatient de l'appliquer sur ce point : « attendu qu'il a eu pour objet, moins de faire, dans les habitudes et l'état social des Arabes, une révolution profonde, en constituant tout à coup chez eux la propriété individuelle, que de leur assurer un vaste domaine, séparé de celui de l'Etat, nettement défini et à l'abri de toute critique. » En livrant au communisme des tribus la meilleure part des *azels*, ainsi que d'autres terres non moins certainement domaniales, on manquera l'occasion précieuse d'établir la propriété privée; on reculera vers le passé au lieu d'avancer vers l'avenir.

Après tant d'observations et de restrictions, il nous est agréable de pouvoir nous rallier aux mesures suivantes, comme inspirées par une exacte intelligence des choses :

Rendre la propriété personnelle, de création nouvelle, insaisissable pour dettes antérieures à sa constitution.

C'est un des vœux qu'avait émis le Conseil général d'Oran, par cette considération, que le créancier n'avait pas dû compter sur ce gage, et avait stipulé en conséquence ses conditions. Le passage de la première édition qui stipulait l'inaliénabilité pendant trois générations, a disparu, ainsi que celui qui interdisait le territoire civil à toute tente arabe. Il reste néanmoins à stipuler un délai pour la liquidation des vieilles dettes.

Subordonner l'expropriation pour cause d'utilité publique à un décret de l'Empereur, comme en France.

Il est sous-entendu que les autres garanties du droit commun suivraient cette réforme, dont les colons bénéficieraient comme les Arabes.

Constituer des *djemmaâs*, conseils municipaux non électifs.

Nous les eussions préférées électives, comme en Kabylie : néanmoins, mieux vaut une assemblée nommée que l'arbitraire sans contrôle du chef du douar.

Établir des registres de l'état civil dans les douars.

Suspendre pendant la guerre tous les délais de la procédure civile à l'égard des Arabes qui combattent sous nos drapeaux.

Pourvu toutefois qu'il s'agisse d'un service temporaire. La justice ne peut être indéfiniment suspendue vis-à-vis de tout soldat : sans quoi tout débiteur s'enrôlerait pour échapper à ses créanciers.

Instituer dans chaque province un tribunal d'appel, en attendant une Cour impériale.

Autre vœu instamment renouvelé par les Conseils généraux, et qui ne devra pas profiter aux seuls indigènes.

Ne déférer aux conseils de guerre que la connaissance des faits réputés crimes ; attribuer le jugement des délits aux commissions disciplinaires établies dans chaque cercle.

Il faudrait ajouter « à défaut de tribunal correctionnel dans la subdivision. »

Nommer un adjoint indigène dans les communes où les indigènes sont en nombre suffisant.

Nous supposions que cela se faisait déjà.

Augmenter le nombre des membres indigènes pour les conseils des monts-de-piété, des caisses d'épargne, des prisons, de l'Académie, et les choisir de préférence en dehors des fonctionnaires salariés.

Rendre ce qui reste des *habous* à leur destination première, ou les louer à bon marché aux pauvres musulmans.

Le maréchal Clausel fut mal inspiré en attribuant les *habous* au domaine public, quoique, à vrai dire, ce que les budgets communaux et provinciaux ont à payer pour l'assistance musulmane dépasse de beaucoup les revenus qu'ils retirent de cette source; mais on ne saurait trop respecter la propriété sous toutes ses formes. Par l'annexion des *habous* au domaine de l'Etat, on a tari une source importante de libéralités musulmanes.

A ces mesures, que nous approuvons, s'ajoutent toutes celles que nous avons citées au début de ce chapitre comme conseillées par le principe d'humanité. Nous ne désapprouvons formellement que celles qui tendent à perpétuer les formes extérieures de la société arabe et à la reconstituer en nationalité, parce qu'elles isolent les Arabes des Européens, et qu'elles fomentent au sein des tribus des récriminations, des agitations et des espérances dangereuses pour la paix publique et pour la sécurité des colons, trop souvent déjà victimes de crimes commis par les Arabes. Malheureusement, cet esprit de nationalité et d'isolement domine tout le chapitre de la lettre impériale consacrée aux indigènes.

### V. La lettre impériale et la colonisation.

Dans les pages consacrées aux colons et à la colonisation, la lettre impériale se rapproche plus de la vérité des principes et des faits que dans la partie arabe : on voit que le terrain était, pour l'éminent auteur, plus familier et plus sûr. Nous devons, cependant, y relever un certain nombre d'inexactitudes, quelques graves lacunes, des appréciations d'une sévérité excessive, et surtout un esprit peu favorable à l'expansion des colons, ce qui est contraire aux idées générales posées par l'Empereur lui-même comme boussoles de conduite. De là un défaut de concordance presque continu entre la théorie proclamée et les mesures projetées.

Dès l'abord, le chiffre assigné à la population européenne paraît inférieur à la réalité. Il n'est, dans la lettre, que de 192,546 âmes, dont 112,229 pour les Français et 80,317 pour les étrangers. Ces nombres se rapportent au recensement de 1861, dont quatre années nous séparent déjà, quatre années de développement, autant par l'excédant soutenu des naissances sur les décès que par l'immigration, quelque faible qu'elle soit. Les *Tableaux de situation des établissements français* portent la population européenne de 1863 à 213,000 âmes, qu'il faut élever à 226,000, par l'addition de la population dite *en bloc :* soit 34 à 35,000 en tout au-dessus du chiffre donné par l'Empereur, ou plutôt à lui fourni par les bureaux. Le contingent est si modeste encore, que nous devons le revendiquer tout entier, non sans regretter d'ignorer les apports plus récents des années 1864 et 1865. D'après la loi d'accroissement antérieur, de 10 à 12,000 âmes par an, nous estimons que la population européenne de l'Algérie, à la fin de 1865, ne doit guère être inférieure à 250,000 âmes, exactement le dixième de la population indigène, évaluée, comme on l'a vu, à 2,580,267 âmes.

Ce petit nombre étonne, surtout celui des Français, quand on le compare aux progrès rapides de certaines colonies britanniques ou des territoires des Etats-Unis, et l'on en accuse la torpeur du génie national, peu enclin à l'émigration, et le peu d'attrait de l'Algérie pour les émigrants de l'Europe. Il y a dans ce reproche un mélange de faux et de vrai qu'il faut discerner. L'Algérie, comme pays, exerce une puissante attraction sur les Français aussi bien que sur les étrangers. Sans s'y précipiter avec la même furie que dans les régions aurifères, et cela n'est point à désirer, l'émigration du continent, à destination de l'Afrique, s'est toujours offerte en quantité convenable, celle surtout qui partait des rivages méridionaux de l'Europe (Espagne, France, Italie, Malte), et qui est la meilleure ; mais elle a trouvé presque toujours les portes fermées ou à peine entre-bâillées, les portes de la propriété territoriale, qui seules attirent les colons. L'administration en avait hérissé l'abord de tels obstacles, que c'était une rare victoire que d'obtenir une concession. Des milliers de visiteurs sérieux, de capitalistes entreprenants sont venus, et, après des mois ou des ans de vaines recherches et de fatigantes sollicitations, ils ont dû repartir, la bourse plus légère au retour qu'au départ, et le cœur froissé : leurs récits n'ont pu que discréditer l'Algérie. Malgré ces échecs, les demandes en concessions dorment dans les cartons administratifs, rebutées, oubliées : une réponse négative, avec l'explication du refus, était déjà un succès. En un mot, l'administration algérienne, se conformant aux ordres et aux vues du gouvernement métropolitain, s'est appliquée à modérer l'immigration, à détourner les flots de demandeurs et d'arrivants ; elle y a réussi, puisqu'en 1864, au bout de trente-quatre ans d'occupation, on ne lui avait arraché que 450,000 hectares de concessions, et tout au plus 500,000, en comptant quelques ventes. Un demi-million d'hectares, pas même l'étendue d'un département français, dont la moyenne surface est de 600,000 hectares !

Au lieu d'accuser la tiédeur des vocations coloniales, mesurées au chiffre de la population, que l'on admire plutôt ce qu'il a fallu d'énergie et de courage à ces 200,000 pionniers pour emporter, après un long siége, une place au soleil si vigoureusement défendue. L'histoire de l'Algérie ne compte que trois éclaircies de large bon vouloir envers la colonisation par les immigrants : en 1842 et 1843, lors de la fondation des villages du Sahel ; en 1848 et 1849, lors de la création des colonies parisiennes ; de 1858 à 1860, pendant la durée du ministère spécial. Hors de ces courtes périodes, ministres et gouverneurs ont bien désiré faire un peu de colonisation, à pas de tortue, justement ce qu'il en fallait pour donner satisfaction à l'opinion publique : jamais ils ne lui ont creusé un lit digne de son importance. Le temps, il est vrai, a seul manqué au duc d'Aumale.

La présence, en Algérie, de 80,000 Européens à côté de 112,000 Français est-elle une raison suffisante de qualifier le pays de *colonie européenne*, ainsi que fait l'Empereur (page 9) ? Les usages de la politique et de l'histoire ne justifient pas une telle désignation. Bien que toute colonie soit formée d'un mélange de peuples, elle prend le nom de la métropole dont elle émane, et dont elle emporte le drapeau, la langue, le culte, les institutions et les mœurs. Sans remonter à l'antiquité, les colonies britanniques reçoivent toutes des alluvions humaines, provenant des sources les plus diverses : Australie, Canada, cap de Bonne-Espérance, Maurice, Antilles, sont peuplés d'un grand nombre d'habitants qui n'étaient pas sujets anglais de naissance. La reine Victoria qualifie-t-elle pour autant ces possessions de colonies européennes ou asiatiques? Hollandais, Portugais, Espagnols, qui possèdent, dans les diverses régions de la terre, des établissements où les nationaux sont en minorité, n'ont garde non plus de les répudier pour leur patrie; ils grossissent tant qu'ils peuvent, bien loin de l'affaiblir, le faisceau des rayonnements lointains de la métropole. Plus qu'aucune autre puissance, la France a droit de se conformer à cette juste coutume, à propos de l'Algérie, qu'elle a bien achetée, comme a dit l'Empereur en une autre circonstance, du plus pur de son sang et de son or. L'ayant faite sienne, par son génie d'initiation et de rédemption autant que par ses sacrifices, elle a droit de s'en faire honneur, comme de l'un des plus beaux fleurons de sa couronne.

En passant, de ces explications préalables, à l'examen des vues du programme impérial, nous rangerons les réflexions qu'il nous suggère sous les chefs suivants: l'éducation des indigènes, le régime commercial, le régime financier, le régime administratif, l'établissement des colons, les travaux publics; nous apprécierons enfin, rapidement, les mesures proposées et signalerons les lacunes.

### 1. Éducation des indigènes.

Nous avons déjà dit, et nous sommes heureux de pouvoir adoucir tant de critique par un éloge, combien nous approuvons la manière générale dont l'Empereur a conçu, au début de sa lettre, le rôle des Européens en Afrique. Nous devons citer de nouveau cette précieuse déclaration :

Les Européens doivent servir de guides et d'initiateurs aux indigènes, pour répandre chez eux les idées de morale et de justice, leur apprendre à écouler ou transformer les produits, réunir les capitaux, étendre le commerce, exploiter les forêts et les mines, opérer des dessèchements, faire les grands travaux d'irrigation, introduire les cultures perfectionnées, etc.

(A leur tour) les indigènes doivent seconder l'établissement des Européens, afin de trouver chez eux l'emploi de leur main-d'œuvre, le placement de leurs récoltes, de leurs bestiaux, etc.

De ces principes excellents nous cherchons en vain les applications : il n'y en a plus trace dans le cours de la lettre. La morale et la justice, les indigènes devront les apprendre dans les écoles *musulmanes*, dans la législation *musulmane*, dans les prétoires *musulmans*, dans les fêtes *musulmanes*, officiellement célébrées, dans les zaouias *musulmanes*, dans les orphelinats *musulmans*, dans les pénitenciers *musulmans*, dans les consistoires *musulmans*. Aucune trace d'influence chrétienne et européenne pour vaincre les préjugés et dissiper les erreurs. Instruction, justice, religion, toutes les sources de l'initiation morale en sont séparées.

L'économie matérielle des sociétés abaisserait ces barrières si elle se prêtait au rapprochement des populations et des intérêts. Ainsi il arrivera, en dépit de toutes les fausses mesures, dans le territoire où les deux races vivront mêlées; mais l'étendue en est très-petite, bornée aux territoires civils, dont le cadre n'est pas augmenté. Le périmètre de colonisation assigné, dans chacune des trois provinces, au cantonnement des Européens restera occupé, presque en totalité, par les tribus indigènes, détenant en bloc, sous leur régime de communauté, leur territoire imperméable à la colonisation, comme à tout autre mode de propagande civilisée. Les bureaux arabes y règneront en maîtres, avec leur esprit systématiquement hostile à l'expansion européenne. En dehors du commerce des céréales et de l'huile, des laines et des bestiaux qui pourra n'être pas interdit, tout autre point de contact manquera. Comment donc les indigènes apprendront-ils à « transformer leurs produits, réunir leurs « capitaux, exploiter les forêts et les mines, opérer les « dessèchements, faire les grands travaux d'irrigation ? » Qui leur enseignera les cultures perfectionnées? Où trouveront-ils l'emploi de leur main-d'œuvre? On compte peut-être sur les instructions imprimées, les dons d'outils et de semences, les moniteurs militaires, les écoles primaires ou d'adultes, les professeurs ambulants d'agriculture, les concours et les expositions, et autres expédients qui ont été recommandés. Vaines espérances! argent et paroles perdus! Pour les cultivateurs de tout pays, et surtout pour un peuple aussi rétif à tout progrès que les Arabes, il n'y a qu'une méthode efficace d'enseignement agricole, l'exemple; l'exemple quotidien et voisin; celui de gens qui cultivent avec plus d'habileté dans les mêmes conditions. Les fermes officielles, les troupeaux modèles, et toutes les belles inventions si aimées des administrateurs, et si sévèrement jugées par le public, sont à peu près stériles pour l'amélioration de l'économie rurale, parce qu'elles rachètent leurs utiles expériences par trop de priviléges et de déceptions. Au surplus, il n'en est pas même question dans la lettre impériale, qui, au dedans comme au dehors du périmètre de colonisation, abandonne les indigènes à leur routine en les isolant dans leurs tribus.

### 2. Régime commercial.

La lettre impériale prononce contre les douanes et les restrictions maritimes qui ont été, au lendemain de la conquête, inaugurées en Algérie sur le même pied que dans la métropole, un arrêt conforme aux enseignements de l'économie politique. L'Empereur veut ouvrir l'Algérie à la libre entrée des produits étrangers, et en même temps ouvrir la France à la libre entrée des produits français : double profit que la colonie accueillera comme un bienfait, malgré les pétitions des industries françaises qui jouissent, pour leurs expéditions en Afrique, d'un régime de faveur (Rouen, entre autres), malgré les réclamations de quelques industries naissantes en Algérie, qui aimeraient à être protégées : il sera seulement nécessaire de ménager la transition afin que les négociants qui ont fait des approvisionnements ou réglé des transactions sur le pied du régime actuel ne soient pas ébranlés par une secousse trop vive et trop soudaine dans les prix.

A ces plans se mêlent néanmoins quelques illusions à signaler et une grave restriction à combattre.

Les illusions consistent à croire que ces projets constituent une entière nouveauté : ils sont depuis longtemps plus qu'à moitié réalisés. Depuis la loi du 11 janvier 1851, due aux efforts combinés de la direction des affaires de l'Algérie (M. Léon Blondel et le général Daumas) et des députés algériens (MM. Henri Didier, Emile Barrault, Leblanc de Prebois) loi de salut dont M. le baron Charles Dupin fut le zélé et savant rapporteur, la libre entrée des produits algériens est un fait accompli. Les exceptions qui restaient ont été peu à peu supprimées par des décrets postérieurs; si bien qu'en 1864, la douane française n'a perçu que 6,723 francs sur une importation de 76 millions de francs. A peine cela mérite-t-il une réforme, si ce n'est pour l'honneur du principe, qui doit proclamer toute colonie partie intégrante du territoire national, au même titre que les départements. L'Algérie n'a donc guère rien à demander en faveur de ses exportations en France. Mais elle devra bien veiller à ce que la libre entrée de ses produits en France ne soit pas compromise par la libre entrée des produits étrangers en Algérie : mieux lui vaudrait le premier droit intact que le second.

Les importations de France, qui représentent plus des quatre cinquièmes du total, jouissent de la même faveur ou plutôt du même droit : en 1864, elles n'ont pas donné un franc à la douane, en dehors des sucres raffinés.

Restent les importations de l'étranger et des entrepôts de France, seules assujetties à des taxes, dont voici le relevé pour 1864, y compris les sucres raffinés de France :

| | | |
|---|---|---|
| Droits de douane | sur les sucres raffinés venant de France. . . . | 466,137 fr. |
| | sur les produits venus de l'étranger. . . . . . | 1,493,830 |
| | Total. . . . . . | 1,959,967 fr. |
| Droits de navigation. . . . . . . . . . . . | | 232,225 |
| Droits et produits accessoires . . . . . . . . | | 190,642 |
| | Total général. . . . . . . . | 2,382,834 fr. |

Ce n'est pas même en tout *un franc* par tête d'habitant ! Réduite à ces proportions, dégagée d'ailleurs de toute prohibition, légère dans ses tarifs sur les marchandises de première nécessité, la douane a cessé d'être oppressive en Algérie ; et l'exemple de l'Angleterre, qui lui demande plus de 500 millions de revenus, prouve qu'elle est compatible avec les mœurs et les lois d'un peuple libre. De sa suppression peuvent résulter quelques avantages de simplicification et de commerce, qu'il ne faut pas nier, mais dont on s'exagérerait les avantages, en comptant sur une telle réforme pour procurer la vie à bon marché. A part un peu de baisse sur un petit nombre d'articles, les conditions générales de la vie, qui sont déterminées par le rapport de l'offre et de la demande, resteraient les mêmes. Il n'en eût pas été ainsi sans doute à l'origine, alors que les taxes d'entrée et de navigation étaient bien supérieures à ce qu'elles sont aujourd'hui ; mais en ce temps d'autres idées avaient cours.

Une seconde illusion se rattache à ces mots de *ports francs*, sur lesquels appuie avec prédilection la lettre impériale. Ces ports francs, dont on évoque volontiers les splendeurs en d'autres pays, sont des ports privilégiés, et de là leur rapide fortune. Où la franchise devient le droit commun et la règle générale, il ne faut pas s'attendre à ces prodiges d'accroissement. On perd cette distinction de vue, même en Algérie, où l'idée d'un port franc à Oran fut autrefois soutenue avec ardeur dans la presse locale. Ce port devait seul, sur toute la côte d'Afrique, jouir de cette faveur ; autour de la ville la douane devait rétablir son cordon, afin qu'aucune marchandise n'échappât à ses perceptions, dès qu'elle pénétrerait dans le pays. Un tel système n'est qu'un procédé arbitraire pour procurer la fortune d'une ville aux dépens de ses rivales ; indiqué pour les comptoirs et établissements nationaux au milieu de pays étrangers (Singapore, Hong-Kong, Saint-Thomas...), il perd ses merveilleuses propriétés lorsqu'il s'applique, et ce serait le cas en Afrique, à une quinzaine de ports de mer, à une dizaine de localités de l'intérieur, à un littoral de 250 lieues : réparti sur tous les points d'entrée, le profit de chacun se réduit singulièrement. La raison décisive d'un régime de pleine liberté d'entrée en Algérie, surtout par la frontière de terre, doit être recherchée dans la facilité plus grande des transactions, dans la suppression d'exigences et d'abus qui fatiguent, irritent et éloignent les commerçants, enfin dans l'insignifiance des recettes, souvent plus faibles que les dépenses.

La restriction fâcheuse dont nous avons parlé se rapporte à l'octroi de mer, qui serait maintenu « comme ressource pour les villes. » L'Empereur retirerait ainsi d'une main la franchise d'entrée, que de l'autre il accepterait. Qu'importe au public et que fait au prix d'une marchandise qu'une taxe soit attribuée à la douane et versée au trésor de l'État ou attribuée à l'octroi de mer et versée dans les caisses municipales ! Simple affaire d'écritures et de comptabilité, tout à fait indifférente à l'effet économique. Sous un nom ou sous un autre, les frais d'entrée grèvent les marchandises; les formalités et les lenteurs, les abus et les vexations, s'il y en a, sont les mêmes ; seulement les frais du mécanisme se trouvent en rapport plus élevé avec une perception amoindrie. A conserver un personnel et un matériel pour l'octroi de mer, il n'en coûtera guère plus de maintenir un léger tarif de douane, dont les revenus dispenseront de créer d'autres impôts. Si l'Etat n'en veut pas pour lui-même, qu'il les abandonne à la colonie !

Au point de vue particulier de la vie à bon marché, l'octroi de mer est au moins aussi nuisible que la douane. L'octroi de mer, comme celui de terre, porte en effet sur les denrées alimentaires ou de consommation usuelle; il frappe toutes les provenances, même celles de la métropole. Il atteint, en un mot, la presque totalité des produits, tandis que la douane ne pèse que sur le moindre nombre. Si néanmoins il n'est pas impopulaire, si les populations le préfèrent de beaucoup à l'octroi de terre, cela tient à des caractères dont les uns lui sont propres, dont les autres s'appliquent aussi à la douane. Le tarif est toujours léger, ne dépassant jamais 10 pour 100 de la valeur : le droit est payé en bloc, par les négociants importateurs, avec des termes pour le règlement; il se répartit silencieusement sur le prix des marchandises, et finalement chacun l'acquitte à son insu, à mesure et en proportion de ses consommations. Si de telles allures plaident pour son maintien, elles plaident aussi pour le maintien de la douane, à la condition d'en abaisser les tarifs aux taux de 5 à 10 pour 100 de la valeur. Si elles ne protégent pas la douane contre d'autres inconvénients inhérents aux impôts indirects, elles ne doivent pas préserver l'octroi de mer. Les deux impôts sont solidaires, absous par l'utilité, condamnés par la liberté.

A défaut d'octroi de mer, objectera-t-on, que deviendront les villes? — Elles se feront d'autres revenus! Elles auront à choisir entre l'octroi de terre, qui leur fera sentir plus durement son aiguillon et modérera mieux leurs entraînements, et l'impôt direct sur les propriétés bâties. Par un principe vicieux de notre droit public, l'Etat se réserve pour lui le principal des quatre contributions directes, et ne livre aux départements et aux municipalités que les centimes additionnels. Dans les colonies tout au moins le principe contraire devrait prévaloir : à la province ou à la ville le principal, à l'Etat les centimes. Disposant ainsi de leur revenus, les villes, pour ne parler que d'elles, taxeraient les propriétaires ou les maisons, sous tel nom et telle forme qui conviendraient, en raison des besoins de l'édilité : elles renonceraient aux diverses sortes d'impôts vexatoires (octroi de terre, taxe des loyers, prestations), qui suppléent mal aux ressources normales. Les villes ont, en attendant, l'expédient des centimes additionnels sur des matrices fictives quant au principal, là où la contribution mobilière et celle des portes et fenêtres ne sont pas encore exigées par l'Etat.

Quelque libéral que soit un régime commercial, il sera stérile s'il ne s'appuie sur une production abondante. L'échange suppose achat et vente. Les navires étrangers ne déterminent sur une place maritime un courant régulier et soutenu d'affaires, qu'à la condition d'y trouver des chargements de retour. Si le transit seul les appelait, le régime d'entrepôt leur suffirait, et les ports algériens en jouissent. Les villes elles-mêmes ne développent qu'une grandeur factice, éphémère, pleine d'embûches, semée de ruines, si leur prospérité ne s'appuie sur la prospérité des campagnes environnantes. L'espoir qui s'attache justement aux franchises commerciales reste donc subordonné aux développements de la production, qui dépend elle-même, dans une large mesure, du régime financier.

### 3. Régime financier.

La question financière se présente sous un double aspect : l'impôt et le crédit.

L'impôt arabe, nous en avons expliqué la réforme projetée : c'est l'impôt unique, assis sur les bases actuelles, d'après une moyenne de dix ans, et payable en une seule fois. Pour les Européens, ce serait l'impôt foncier,

« qui doit être, dit la lettre impériale, établi le plus tôt possible, *en territoire civil*, en prenant pour base la qualité du sol, qu'il soit cultivé ou non, comme cela a lieu en France. Cette mesure, réclamée par les colons eux-mêmes, obligera les propriétaires à défricher ou à vendre. »

Ces lignes, nous l'avouons, nous paraissent grosses de menaces, et contiennent en outre une dérogation aux principes de l'économie politique et rurale qu'il est de notre devoir de signaler.

Quelques colons et des conseils généraux ont, il est vrai, appuyé les projets du gouvernement pour l'établissement de l'impôt foncier en Algérie, et, sans nous être jamais associé à ce vœu, nous lui reconnaissons certains avantages, et entre autres celui de poser, pour le crédit des provinces et de la colonie entière, une base certaine et facilement appréciable. Mais l'adhésion à cette innovation fiscale implique des conditions et des garanties dont on ne trouve pas trace dans le programme de l'Empereur, qui renferme au contraire des règles de conduite et des erreurs de doctrine, à nos yeux très-dangereuses.

La première des conditions de l'impôt foncier, en Afrique, doit être la réduction des autres impôts, directs ou indirects. Dès aujourd'hui, nous ne saurions le redire trop haut, les Européens payent, à des titres multiples (enregistrement et domaines, contributions diverses, douanes, poste, télégraphes, recettes municipales, etc.), des taxes que les calculs les plus modérés n'ont jamais réduites au-dessous de 50 francs par tête, et que des calculs plus précis portent au delà de 85 francs[1]. C'est tout ce qu'il est possible de demander à des citoyens; et pour des colons, c'est déjà trop, c'est plus que ne payent les Français eux-mêmes (50 à 60 francs) et tous les peuples d'Europe, excepté peut-être les Anglais, dont la fortune allége les charges. Pour une société en voie de formation comme la société algérienne, le taux actuel, déjà excessif, n'est pas étranger aux souffrances économiques de la colonisation : aller au

[1] On en trouvera les développements dans *l'Algérie devant l'opinion publique,* par le docteur Warnier, p. 32 et suiv. L'année 1862 a donné les chiffres suivants :

| | | | | | |
|---|---|---|---|---|---|
| 2,701,848 indigènes ont payé. . | 10,292,817 fr. | 15, | soit | 7 fr. 70 | par tête. |
| 204,877 Européens ont payé . | 17,450,311 | 50, | | 85 15 | — |

La quote-part des indigènes à celle des Européens est :: 7 : 85, un douzième, ce qui n'empêche pas les échos de M. Georges Voisin de répéter que les Européens en Algérie ne payent point d'impôts !

delà, ce serait l'écraser. En fait de suppression d'impôts le programme impérial, on l'a vu, ne supprime que les douanes, et encore est-il à craindre qu'il y ait un simple virement de taxes au profit de l'octroi de mer. Si les deux millions de la recette douanière, perçus pour le compte du Trésor, devaient être simplement remplacés par une pareille recette du chef de l'impôt foncier, nous préférerions le *statu quo*, analogue au système adopté par l'Angleterre, qui aime mieux établir de légères taxes, rendues fructueuses par la grande consommation, sur un petit nombre de marchandises importées, que grever la propriété immobilière. L'immunité à l'égard de l'impôt foncier a été jusqu'à ce jour considérée comme une prime donnée à l'esprit d'immigration et de colonisation, pratique très-juste à notre avis, et qui ne devra faire place au droit commun de la France qu'en retour d'une réduction considérable sur les impôts indirects, afin d'assurer, en fin de compte, un allégement au lieu d'une surcharge. Sur ce premier point, le silence de la lettre impériale nous paraît peu rassurant.

La seconde condition désirable est l'attribution à la colonie ou aux provinces du revenu de l'impôt foncier, qui serait dévolu à l'Etat d'après les errements établis. Pour les possessions coloniales comme pour les villes, nous estimons nécessaire un changement du système financier qui donne au Trésor le principal des contributions directes, et ne laisse aux budgets locaux que les centimes additionnels. En Algérie la règle doit être inverse, comme elle l'est déjà dans les autres colonies, et comme elle devrait l'être en France même. Sinon, le plus pur du revenu, fruit du travail et de la sueur des colons, ira se perdre dans la masse du Trésor et du budget de France, et les budgets locaux seront réduits aux miettes additionnelles : pour subvenir aux besoins avec ce maigre aliment, il faudra doubler le fardeau du principal !

Les garanties omises dans la lettre impériale se rapportent au vote de l'impôt foncier. D'après le droit commun de la France et de tout pays civilisé, expression du droit naturel, il appartient aux contribuables de voter l'impôt, et entre tous l'impôt foncier, qui émane le plus directement de la souveraineté populaire, qui porte l'atteinte la plus sensible à la propriété privée. Dans le programme impérial, nous ne découvrons pas trace de cette préoccupation. Les communes, y lisons-nous, seront autorisées à s'imposer ; mais les communes ne disposent pas de l'impôt foncier. Sera-t-il attribué aux conseils généraux de province? Il n'en est rien dit, et d'ailleurs on ne promet pas de les soumettre à l'élection. Il n'est pas annoncé davantage que l'impôt foncier sera voté par un conseil colonial, électif ou non. Tout fait croire que, dans l'esprit de l'Empereur, il restera dans les attributs de la souveraineté politique, c'est-à-dire, jusqu'à nouvel ordre, à la discrétion du gouvernement, qui en déterminera, par simple décret, l'assiette et les proportions, comme il fait pour tous les autres impôts, que, même dans les colonies qui sont pourtant dotées d'une constitution, le gouvernement seul établit. Penserait-on réserver le vote de l'impôt foncier au Corps législatif, il devrait s'ensuivre l'admission des députés algériens dans cette assemblée : de ce progrès, ou plutôt de ce retour, si bien justifié, à la tradition, rien n'autorise l'espoir dans la lettre impériale.

Tel qu'il est présenté, sans conditions, sans garanties,

l'impôt foncier s'annonce comme un instrument de perception fiscale, revendiqué pour le compte du gouvernement et dont il aura seul le maniement, ou par lui-même (décret impérial), ou par des commissions qu'il constituera (conseils provinciaux ou coloniaux non électifs). Sous les deux formes il nous inquiète.

Il nous inquiète également par l'esprit qui semble avoir dicté la formule de l'Empereur : « L'impôt foncier sera établi en prenant pour base la qualité du sol, cultivé ou non. Cette mesure obligera les propriétaires à *défricher* ou à vendre. »

Dans ces lignes perce une intervention tout à fait incorrecte de la politique dans le domaine de l'économie rurale. L'impôt foncier est appelé au secours du gouvernement, comme une arme de contrainte à deux tranchants, le défrichement ou l'aliénation. Cette pensée se reproduit ailleurs (p. 45) dans le reproche fait à des concessionnaires de conserver leurs terres incultes dans l'espoir de les vendre plus tard à un plus haut prix.

L'Empereur qui invoque, dans ce même chapitre, les principes politiques, ne s'en écarte-t-il pas d'une manière très-grave, à propos de l'impôt foncier ? Est-ce conforme à la science économique de le faire servir à des résultats qui sont du ressort inviolable de la volonté privée ? Tous les maîtres de la science professent que l'impôt doit être déterminé d'après les besoins de l'Etat et les ressources du pays ; que l'impôt foncier ne doit être qu'un prélèvement sur *le revenu net* de la propriété immobilière. En France on n'impose les terres que d'après la moyenne des quinze dernières années de revenu, déduction faite des deux plus prospères et des deux plus malheureuses[1]. L'état des cultures se trouve ainsi apprécié, conformément à l'équité, aussi bien que la qualité du sol, puisque le revenu net en dépend dans une large mesure : des landes ne sont, nulle part, imposées comme des terres de labour, bien qu'elles soient virtuellement susceptibles d'atteindre la même valeur, après des travaux de défrichement, de fumure et de culture. La loi respecte les convenances de l'intérêt privé, qu'elle sait impatient de demander à la terre tout le revenu qu'il peut en espérer.

Cet intérêt n'est pas moins vigilant en Algérie qu'ailleurs, et bien qu'il laisse en friche certaines étendues qui paraissent propres à la culture, il a droit au même respect. Quand le propriétaire a payé ses terres à prix d'argent, peut-on contester qu'il en soit le maître, avec la faculté d'attendre le bénéfice d'une plus-value par le seul laps de temps, spéculation qui se pratique sur tous les terrains en tout pays, sans que l'Etat songe à l'incriminer? Le propriétaire est-il un concessionnaire : ou il n'exécute pas ses engagements, et l'administration peut l'évincer ou réduire l'étendue de la concession ; ou bien il les exécute, et qu'a-t-on à voir alors sur la manière dont il use de sa propriété ?

Les cas d'inculture, systématique et inexcusable, sont beaucoup plus rares en Algérie que ne peut le faire croire la vue superficielle du pays, et les plaintes contre cet état de choses partent rarement de sentiments avouables et de saines notions d'économie rurale. Il est très-peu de propriétaires, même concessionnaires à titre prétendu gratuit, qui n'aient fait des dépenses d'instal-

[1] DICTIONNAIRE DE LA POLITIQUE, par Maurice Block, v° *Impôt foncier*.

lation ou d'entretien dont ils voudraient bien se rembourser; il en est très-peu qui ne souhaiteraient accroître l'insignifiant revenu que donne une terre en friche. Presque toujours leur bon vouloir est paralysé par des causes étrangères : des malheurs qui ont diminué les ressources sur lesquelles ils comptaient ; le voisinage de marais que l'Etat, qui en est le propriétaire, néglige de dessécher; l'absence de routes que la commune, la province ou l'Etat ne construisent pas ou n'entretiennent pas : l'éloignement des débouchés pour des produits d'un transport coûteux, etc. Enfin, une saine entente de l'économie rurale écarte, bien souvent, ces défrichements que l'Empereur voudrait déterminer à l'aide de l'impôt foncier.

Sur ce point, la pensée impériale a accueilli, sans le scruter, un préjugé trop habituel en Algérie comme en France, et qui voit dans le labour par la charrue, la houe, la herse, etc., en vue *de la production des céréales* et autres denrées alimentaires, la seule forme avancée d'exploitation agricole. En France même l'erreur est dévoilée aujourd'hui par l'encombrement et le faible prix des céréales, dus à de trop vastes emblavures, que les saisons ont favorisées ; en Algérie elle est bien autrement fâcheuse. On y fait trop de blés et pas assez de bétail. On défriche trop, on cultive trop, on sème trop ; on n'élève pas assez d'animaux. Un commandant de la province de Constantine, dont l'intelligence n'a jamais été contestée, le général Desvaux, avait, dans ces dernières années, interdit aux Arabes d'étendre leurs défrichements, afin de les forcer à conserver leurs pacages, et c'était une mesure tutélaire très-plausible. Autant il convient d'en dire aux colons européens : Gardez-vous de trop défricher et trop cultiver; multipliez au contraire vos pacages et vos herbages, afin de pouvoir multiplier vos bestiaux, qui renouvelleraient la fertilité de vos terres épuisées, et trouveraient, s'ils sont améliorés et engraissés, un débouché assuré en Espagne et en France. Votre meilleure source de spéculations agricole est dans le bétail. »

Si ces conseils sont sages, et nous en appelons au jugement de tous les propriétaires! l'impôt foncier établi en vue de forcer au défrichement ou à l'aliénation est à la fois un contre-sens économique et une atteinte politique au libre usage de la propriété.

Au surplus, quelle est cette inculture prétendue des terres occupées par les Européens? Nous avons vu que la totalité des concessions et des ventes officielles à eux faites n'atteint pas 500,000 hectares; en y ajoutant leurs acquisitions de gré à gré avec les indigènes, on atteint à grand'peine 650 à 700,000 hectares. Or voici, d'après les *Tableaux de situation des établissements français en Algérie*, l'état des ensemencements et des plantations pour 1863 (p. 196 et suiv.):

| | | |
|---|---|---|
| Céréales. . . . . . . . . . . . . | 172,770 | hectares |
| Légumineuses. . . . . . . . . . . | 3,535 | — |
| Plantes-racines. . . . . . . . . . | 1,694 | — |
| Tabacs [1]. . . . . . . . . . . . . | 3,000 | — |
| Cotons [1]. . . . . . . . . . . . . | 2,500 | — |
| Lin [1]. . . . . . . . . . . . . . | 300 | — |
| Vignes [1]. . . . . . . . . . . . . | 20,000 | — |
| Divers (olivettes, vergers, jardins, pépinières, prairies artificielles), au moins. . . . . . . . . . . . | 21,192 | — |
| | 225,000 | hectares |

[1] Le *Tableau* ne distingue pas la part des Européens et celle des

Deux cent vingt-cinq mille hectares cultivés, sans compter les jachères, c'est le tiers des 675,000 qui sont le domaine des Européens! L'intérêt public ne réclame rien de plus; et s'il reste çà et là des entreprises locales et partielles à accomplir, la fiscalité, qui en précipiterait l'exécution en forçant la main aux colons, frapperait au cœur la prospérité des campagnes, à qui un progrès régulier de culture extensive importe plus qu'une fièvre de culture intensive.

Par un dernier aspect le projet d'impôt foncier doit éveiller la sollicitude des colons. La lettre impériale ne le propose que pour le *territoire civil*, laissant en dehors de ses rigueurs tout le territoire militaire, celui où résident les Arabes. Les conséquences de cette inégalité s'entrevoient. Tandis que les tribus pourront laisser à part, sans avoir rien à payer que le *zekkat* pour leurs troupeaux, l'immensité des terres qu'elles détiennent, leur principale taxe, l'*achour* ou dîme, étant proportionnelle à leurs cultures, les Européens seraient amenés, par les exigences de l'impôt foncier à défricher ou aliéner. Dans le cas d'aliénation, qui est, on le voit, une des prévisions, sinon l'un des buts de la politique impériale, les terres vendues passeraient, non aux mains de nouveaux acquéreurs européens qui se trouveraient sous le coup de la même pression que les vendeurs, mais aux mains des chefs indigènes, soumis à de légères charges financières dont leurs doléances, leurs obsessions (sans parler des mauvaises récoltes) obtiendraient de fréquents dégrévements. A eux seuls les chances de prospérité et les facilités d'accroissement; aux Européens les risques de

indigènes; les chiffres ci-dessus sont en rapport avec les statistiques antérieures et d'autres bases d'appréciation.

la propriété dans un cercle de fer tracé autour de leurs possessions actuelles ! Que l'Empereur daigne réfléchir à cette inégalité de conditions, et il ne la trouvera ni juste, ni politique. Si l'impôt foncier est établi, il doit frapper toutes les terres, sans distinction de l'origine des propriétaires, aujourd'hui surtout que la nationalité française plane sur le pays entier.

Le crédit forme le second aspect de la question financière. Ici nous serons plus bref, les intentions ne dépendant pas plus, comme en matière d'impôt, de la toute-puissance du gouvernement, mais étant subordonnées à des lois économiques fatales qui s'imposent à tous les systèmes préconçus.

D'après la lettre impériale, « les institutions de crédit ont été oubliées en Algérie. » Et comme « il est essentiel que la préoccupation du gouvernement se porte sur la création d'institutions du crédit à l'usage des colons et des Arabes, l'Empereur propose de créer dans chaque province un comptoir d'escompte, pouvant prêter aux colons, comme aux Arabes, à un taux modéré. »

Les louables intentions ne peuvent dissimiler l'oubli trop complet des faits que trahissent ces lignes. Nous devons rappeler, à l'honneur même du Souverain qui semble n'en tenir aucun compte, que, sous son gouvernement comme président de la République, fut instituée, par la loi du 4 août 1851, la banque de l'Algérie, dont les opérations commencèrent le 1er novembre suivant, et qui depuis quatorze ans fonctionne régulièrement à Alger, avec deux succursales à Oran et Constantine : elle rend des services signalés directement au commerce et indirectement à l'agriculture, en fournissant au commerce les moyens de soutenir et développer ses transactions. A ce bienfait le gouvernement impérial a ajouté, par décret du 11 janvier 1860, l'extension au territoire de l'Algérie du privilége accordé au Crédit foncier de France par les décrets des 28 mars et 10 décembre 1852. Un second décret, en date du 31 mars 1860, rend applicable en Algérie la loi du 28 mai 1858 sur les magasins généraux, dont un premier essai réussit à Blidah. Sans être tout ce que l'on peut souhaiter, ces établissements ne permettent pas de dire que les institutions de crédit ont été oubliées en Algérie. Elles y sont naturalisées sous les formes qui promettaient les meilleurs résultats, banque indépendante, crédit foncier, magasins généraux, et l'intérêt, d'ordinaire fort avisé, qui porte toutes les entreprises de ce genre à faire fructifier les capitaux, autorise à dire que leur extrême réserve vis-à-vis des colons tient aux risques dont elles se croient menacées. Peut-être ces craintes sont-elles exagérées; volontiers nous le repétons avec tous ceux qui ont apprécié de plus près les garanties sérieuses qu'offre la colonisation; mais la confiance ne se commande pas : les compagnies financières, ne travaillant qu'avec les capitaux du public, ont besoin de maintenir intact, dans l'opinion, un crédit qu'ébranlerait leur témérité; elles obéissent toutes à peu près aux mêmes règles. La société du Crédit agricole, la compagnie Frémy-Talabot, ou toute autre société d'escompte ou de prêt, en s'acclimatant en Algérie, ne se montreront pas moins prudentes ni moins exigeantes que leurs aînées? Le crédit à bon marché dépend de deux éléments : l'abondance des capitaux qui cherchent des placements, et la sécurité absolue dans le payement régulier des intérêts, la rentrée du principal, la liquidation du gage en cas de non payement. A défaut de ces garanties le risque se traduit en élévation de l'intérêt ou même en refus absolu de tout prêt, quand les statuts ou une certaine dignité obligée de conduite interdisent les gros intérêts que la voix populaire dénonce comme usuraires. La création d'un comptoir d'escompte ne modifiera pas ces lois économiques, dont l'Empereur nous semble n'avoir pas eu un souci suffisant. Que les risques soient écartés, et les capitaux afflueront, à des conditions modérées : si, au contraire, l'instabilité continue à présider aux destinées de l'Algérie, si les insurrections arabes s'annoncent toujours menaçantes à l'horizon, encouragées par les scrupules des conquérants et par le mouvement rétrograde de la colonisation, les capitaux resteront rares et chers, en dépit de toutes les amorces qu'on leur jettera. On pourra les blâmer de n'avoir pas une foi suffisante dans le « royaume arabe, » dans la protection du maghzen, dans la « docilité et la fidélité » des musulmans, dans la vertu pacifiante des bons procédés : méfiants de leur nature, ils resteront sourds à toutes ces séductions.

Quels que soient les mérites des futurs comptoirs d'escompte, dont nous désirons très-sincèrement la création, leur clientèle ne pourra se composer que des Algériens, vivant sous le régime de la propriété privée, la seule que l'expropriation puisse atteindre : quant aux Arabes soumis au régime de la tribu, le crédit à bon marché ne saurait exister pour eux individuellement ; c'est une vérité dont se doit pénétrer quiconque prétend conserver la société arabe : communisme ou indivision et crédit modéré sont deux termes qui s'excluent. Les gages mobiliers ne les feront pas s'accorder ; la facilité de les vendre, et le prix à en retirer, promettant peu d'avantages au sein d'une société condamnée à la pauvreté par son organisation intime. Trop de poursuites et trop de ventes, parmi des tribus, ne seraient pas d'ailleurs sans conséquences irritantes.

Le plus efficace moyen d'inaugurer le crédit à bon marché consiste moins à le décréter par voie impérative qu'à introduire, dans les lois et les mœurs, les conditions qui en déterminent l'avénement spontané; ce qui n'ôte pas leur opportunité à des institutions de crédit, quand préexistent les conditions propices. Mais il y a un exemple de modération vis-à-vis des débiteurs que l'Etat peut donner dès à présent en ce qui le regarde, et prescrire aux tiers. C'est la réduction au-dessous du taux actuel de 10 pour 100 de l'intérêt légal, celui qui court de plein droit dans certains cas déterminés. En percevant 10 pour 100 d'intérêt dans des cas où il ne court aucun risque (la vente des terres par exemple), sur ce qui lui est dû, l'Etat se montre le premier et le plus coupable usurier de l'Algérie. Il ne dépend que d'un décret de donner le ton sur ce point à tout le pays.

### 4. Régime administratif.

Le régime administratif de l'Algérie a reçu de vives atteintes de la plume impériale, et il ne s'en relèvera pas. Dans une large mesure c'était justice, et elle a été faite de main de maître. Mais les coups portent sur le personnel plus que sur les règlements : l'inverse nous eût paru plus près de la vérité et de meilleur augure pour l'avenir.

Le personnel est trop nombreux, déclare la lettre impériale, et elle propose de le réduire en tranchant dans le vif. Il est cependant invraisemblable que ces emplois aient été constitués à titre de sinécures, comme des pensions de rentes; ils avaient pour objet l'application de certaines lois ou instructions, et répondaient à une certaine besogne à faire, et que les fonctionnaires font en effet tant bien que mal. La réforme doit commencer par l'élagage de tout le fatras inutile de règlements, c'est-à-dire par la simplification du mécanisme administratif et par une liberté plus grande donnée à l'initiative et à la liberté individuelles. La logique invite à croire que ces projets sont dans les plans de l'Empereur; il faut bien cependant constater qu'il en perce à peine quelque trace dans sa lettre, qui semble viser seulement à obtenir le même travail par un moindre nombre d'employés, en faisant résoudre directement par les préfets les questions attribuées aujourd'hui aux sous-préfets et aux commissaires civils. Les affaires restant les mêmes pour le nombre et la difficulté, les administrés perdraient au change : pour eux la centralisation serait aggravée, et l'apparente économie réalisée sur les dépenses d'administration locale serait plus que compensée par une lenteur plus grande dans les solutions, et par les frais de déplacement.

Tout porté que nous soyons à suspecter le nombre excessif des emplois et des employés, une des maladies contagieuses que l'Algérie a reçues de France, nous ne pouvons tenir pour exacte la base d'appréciation adoptée par l'Empereur. « Pour administrer, dit-il, 192,000 Européens, il y a..... 31 hauts fonctionnaires, non compris la nuée de chefs de bureau et d'employés divers. Certains arrondissements en France, pour un chiffre égal de population, n'ont qu'un sous-préfet. » L'assimilation pèche par un point essentiel : cette population de 192,000 Européens — ou plutôt, comme nous l'avons vu, de 250,000, — au lieu d'être concentrée dans un seul arrondissement, est distribuée dans trois provinces; et les difficultés, comme les frais de l'administration, sont, nous l'avons dit aussi, en raison des surfaces et des distances.

Tout rudiment de société, que l'on a jugé utile d'installer dans une partie quelconque du pays, a exigé un rudiment d'administration qui a le caractère d'un cadre pouvant servir à des besoins beaucoup plus étendus. Le même état-major qui administre 200,000 habitants en administrerait, presque sans nouveaux frais, un million. Le problème présente donc deux faces : d'une part, simplifier et réduire les rouages, suivant le désir de l'Empereur; d'autre part, fournir un plus vaste champ d'action à tout ce qui mérite d'être conservé, en provoquant par des moyens bien combinés l'accroissement de la population européenne. Il est douteux qu'en se plaçant à ce second point de vue, la suppression des sous-préfectures et des commissariats civils paraisse de première urgence. En France, il est vrai, l'on a souvent proposé de supprimer les sous-préfets et les arrondissements; mais on ne l'a point fait : la décentralisation, qui prévaut en principe, inviterait plutôt à augmenter leur rôle qu'à le diminuer, afin de localiser de plus en plus l'administration. Dans les pays anglo-saxons ce rouage intermédiaire est remplacé par l'assemblée périodique des chefs des municipalités d'un même ressort, et nous croyons bien que l'Algérie, comme la France, s'accommoderait de cette transformation; mais le gouvernement impérial n'incline pas, que nous croyions, vers cette simplification très-libérale. A moins d'en venir là, nous estimons que l'indépendance des administrés et l'expédition des affaires baisseront par le surcroît de puissance, de travail et de prestige dont on dotera les préfets, et nous demanderions plutôt qu'on diminuât leurs pouvoirs au profit des administrations locales, en introduisant, il est vrai, le correctif de conseils municipaux et généraux librement élus par les citoyens. L'érection des mairies en fonctions publiques, rétribuées par l'Etat, que propose le programme impérial, achève de nous tenir en garde contre l'apparente économie qu'il invoque.

Le traitement des maires compensera les suppressions d'emploi, et travestira, au profit de la suprématie de l'Etat, le caractère essentiel de leur magistrature. La vie municipale elle-même n'est montrée en perspective que « par la faculté d'emprunter et de se taxer à volonté. » Sans méconnaître l'utilité des emprunts pour les villes, nous eussions aimé à les voir relégués au second plan, et le libre exercice des droits, la libre gérance des intérêts communs placés au premier. Avec des fonctionnaires payés par l'Etat, la centralisation prévaudra, doublée de l'esprit d'autorité et de fiscalité; de ce jour, adieu les espérances, si douces au cœur des immigrants et des colons, de l'existence municipale avec ses joies, ses fiertés et ses libertés! Les maires ne seront plus que des commissaires civils, qu'on aura multipliés au lieu de les supprimer, comme on l'annonce.

C'est probablement d'après la supputation de la population européenne que la lettre impériale déclare beaucoup trop nombreux le personnel « de la trésorerie, du domaine, des forêts, des bâtiments civils, des douanes, des travaux topographiques, » tandis que, à considérer les besoins, tous ces services, sauf celui de la douane, sont destinés à se développer. La Trésorerie devra étendre son réseau sur tout le pays, à mesure que l'impôt foncier sera établi et que les contributions arabes seront régularisées. Le Domaine, bien que mutilé du côté des terres indigènes, devra faire face aux demandes croissantes de la colonisation. Les Forêts, qui ont 1,800,000 hectares à gérer, ne peuvent pas seulement les surveiller. En un pays neuf et grandissant, les Bâtiments civils, comme les Ponts et Chaussées, ont immensément à construire. Enfin la Topographie et tout le territoire de colonisation à lever, à allotir, à cadastrer, à moins qu'on n'ait multiplié à plaisir les nominations et les traitements inusités, tous ces services doivent aller en croissant et non en diminuant, le dernier surtout : l'Algérie aurait besoin, comme les Etats-Unis, d'une armée de géomètres ; loin d'en avoir trop, elle n'en a pas assez.

La lettre impériale fait à l'égard des fonctionnaires une déclaration qui mérite d'être reproduite comme un engagement plein de promesses :

Mais, si l'on diminue le nombre des fonctionnaires, il est indispensable d'envoyer en Afrique les plus expérimentés, les *plus passionnés pour le bien*, et les convaincre qu'ils seront jugés et récompensés suivant les progrès accomplis et suivant leurs efforts à s'affectionner la population indigène et à faire prospérer la colonie européenne.

Puissent ces fonctionnaires modèles ne pas être refroidis, dans leur passion du bien, par le triste sort des agents du Domaine et des Forêts, qui se sont compromis par excès de zèle en recherchant et revendiquant les uns toutes les terres domaniales, les autres toutes les forêts de l'Etat ! Le devoir lui-même doit être, paraît-il, pratiqué avec modération.

Par une dérogation avouée à l'esprit d'économie et de simplification qui l'a rendu si sévère envers l'administration civile, l'Empereur a décidé d'ériger Alger en archevêché, dont le ressort comprendra les deux évêchés à créer, d'Oran et de Constantine. Pour 192,000 Européens (population d'un arrondissement), c'est beaucoup que trois évêchés ! Il n'est pas en France un seul diocèse qui ne comprenne une population bien plus nombreuse, et d'autres créations nous eussent paru plus urgentes. En d'autres temps, nous aurions insisté sur cet argument ; mais aujourd'hui que la colonie européenne se croit menacée, tout ce qui peut accroître sa force de résistance mérite un bon accueil, et à ce titre nous saluerons la bienvenue aux prélats nouveaux de l'est et de l'ouest, pourvu toutefois que l'Etat prenne à sa charge un surcroît de dépenses que ne pourraient supporter les budgets provinciaux. Ces prélats ne voudront pas n'être que des évêques *in partibus infidelium*, et ils s'appliqueront à grossir leur troupeau par des appels adressés aux populations catholiques d'Europe.

### 5. Les établissements des colons.

Nous arrivons au sommet de la question algérienne : la colonisation, dont la lettre impériale envisage les divers aspects avec ce mélange de vérité, qui tient à la pénétration de l'esprit, et d'erreur qui provient d'informations trop rapides et inexactes. Immigration, concessions, création de centres, travaux publics sont l'objet de jugements que nous devons à notre tour apprécier.

L'Empereur est entièrement dans le vrai quand il signale l'impraticabilité du projet qui chargerait une compagnie d'introduire en Algérie quarante à cinquante mille Irlandais ou Allemands. Probablement ce projet est tout récent, et dû à la présence du maréchal Mac-Mahon, Irlandais d'origine, à la tête du gouvernement général, car c'est la première fois que nous en entendons parler. Quoi qu'il en soit, ce que dit l'Empereur des frais du transport, des difficultés du placement, des avances à faire, des risques à courir, est irréfutable ; et sa haute autorité vient très-heureusement confirmer ce que beaucoup de publicistes algériens, et nous-mêmes parmi eux, avons maintes fois écrit contre l'introduction artificielle des masses pauvres en Algérie. Combien est supérieure la méthode recommandée par ces mêmes publicistes, et qui a pour elle la consécration de l'expérience sur la plus grande échelle dans les Etats-Unis et dans toutes les colonies anglo-saxonnes ! Rien de plus simple, de plus efficace et de moins cher. Sans intervenir dans le transport ni l'introduction des immigrants, l'Etat et la colonie tiennent toujours des terres vacantes et alloties à la disposition des nouveaux venus, qui peuvent en acquérir la propriété définitive, sans délai et au prix le plus modéré. Pour tout encouragement, les colons reçoivent leur part des libertés publiques, du droit commun civil et politique, de grandes facilités de naturalisation, quelquefois l'exemption d'impôt pendant les premières années ; et cela leur suffit pour réussir. Grâce à cette méthode si facile de colonisation, les fermes se multiplient, les villes s'élèvent, les territoires se peuplent, les courants d'émigration s'établissent entre l'ancien et le nouveau monde. L'Etat n'a pas à créer des comptoirs d'escompte ; l'industrie privée se borne à réclamer l'autorisation, quand on l'exige, de fonder des banques et de mettre des capitaux illimités à la disposition du travail et de l'intelligence. On n'imagine pas une seule objection contre l'adoption de ces procédés en Algérie, où l'Etat possède, — il l'a maintes fois déclaré devant les Chambres dans ces dernières années, — 900,000 hectares à offrir aux colons. En gardant le silence sur ce système, dont la notoriété est cependant universelle, l'Empereur reconnaît bien que « le spectacle de la prospérité des colons déjà établis est le plus magique appel qui puisse être fait à la confiance des étrangers ; que des courants d'émigration ne tardent pas à faire affluer tous les jours des forces nouvelles vers un pays où les capitaux trouvent un heureux placement et le travail un emploi lucratif. » Axiome juste, mais qui ne trouve pas son application dans un pays où les capitaux et le travail étouffent faute d'espace. Le haut prix de la main d'œuvre, que la lettre impériale reconnaît comme la principale amorce de l'émigration irlandaise, allemande et basque, dérive de l'essor énergique imprimé à la colonisation, que les émigrants abordent du reste, ainsi que nous l'avons établi dans notre *Histoire de l'émigration,* plus directement et avec plus de capitaux que ne paraît croire l'Empereur. Cette ressource manque dès à présent à l'Algérie, et elle en souffre ; car la colonisation est une industrie essentiellement expansive, dont les terres, les forêts, les mines, les carrières, les eaux, le commerce sont les champs nécessaires d'activité. Pour une population de 225,000 à 250,000 Européens, distribuée sur une surface de 600,000 à 700,000 hectares, la densité est de 34 par 100 hectares ou un kilomètre carré, la moitié de celle de la France, l'équivalent de celle des pays médiocrement peuplés d'Europe; pour un pays nouveau, pour une période d'installation nécessairement consacrée à la culture extensive, c'est une limite normale, et pour attirer de nouveaux colons, il faut leur ouvrir de nouveaux horizons.

Loin d'en ouvrir, le programme impérial restreint les espaces qui semblaient pour toujours acquis à la colonisation, et entre toutes les impressions pénibles qu'a éprouvées à sa lecture quiconque s'est voué à cette cause patriotique, celle-ci a été la plus triste. Les vaillants pionniers, qui se sont hardiment portés en avant au cœur et à la limite du Tell, s'étant *égarés*, ils devront reculer : amère nécessité pour un Français, pour tout colon! Sous le nom de périmètre de colonisation, un cercle de fer est tracé dans la zone la plus rapprochée du littoral. Toutefois, « on viendra en aide par des subsides aux colons qui demanderont à rentrer dans les zones de colonisation. »

Dans ces plans nous craignons de lire le doute vis-à-vis le génie colonisateur de la France et la légitimité de sa mission providentielle en Afrique; la déférence aux antipathies de l'aristocratie arabe que l'Empereur espère rallier par des concessions; l'abandon au plus triste sort de populations qui ont répondu avec foi aux appels de la France. Pour des essaims coloniaux comme pour des enfants, l'arrêt de développement est une cause fatale d'infirmités, un arrêt de déclin et de mort.

La physiologie sociale, pas plus que la physiologie animale, ne consent à ces haltes forcées de croissance : dans le jeune âge il faut grandir sous peine d'avortement et de monstruosité. En même temps que le découragement s'emparera du cœur des colons, une joie féroce excitera les Arabes, qui dans ce recul salueront avec ivresse le gage d'un prochain abandon, le commencement de la fin. Leur insolence, leurs attentats en seront accrus sans frein.

Les détails d'exécution sont navrants pour qui est initié à l'histoire de la colonisation algérienne, et sait quelles merveilles d'activité, et quels sacrifices d'hommes et d'argent représente le flot expansif de créations à qui l'on vient dire : *Tu n'iras pas plus loin.* L'Empereur fait, il est vrai, deux catégories de territoires extérieurs au périmètre de colonisation ; les uns qui « ne pourront prendre de nouveaux développements que lorsque les populations deviendront plus denses, » les autres « qui devront rester dans l'état actuel, sans que leurs territoires puissent être augmentés. » En réalité, ces deux catégories n'en font qu'une. Comment la première pourrait-elle acquérir une population plus dense, alors qu'il lui est interdit de se développer? Et qui pourrait, fût-il le chef d'un grand Etat, enchaîner l'avenir de la seconde catégorie autour des postes actuels? Quant à présent le *veto* est mis à tout progrès présent et ultérieur aussi bien autour de Mascara, de Batna, d'Aumale, que de Lalla-Maghnia, de Teniet-el-Had et d'Aïn-Beida : Mascara, qui est le centre politique et géographique de la province d'Oran ; Batna, qui dans la province de Constantine nous ouvre tous les monts Aurès ; Aumale, qui est le trait d'union entre la Kabylie, le Tell et le Sahara, entre l'est et l'ouest, le nœud central de l'Algérie tout entière.

Aux colons qui demanderont à rentrer dans les zones de colonisation des subsides sont promis, et cinq millions sont même affectés à cette destination. Le mot de *subsides* peut être applicable à ceux qui, n'ayant pas reçu de concessions ni acheté des terres avec l'autorisation du gouvernement, se sont aventurés, à leurs risques et périls, en pays arabe ; mais celui d'*indemnité*, qui figurait dans les précédentes éditions de la lettre impériale, convient seul pour les concessionnaires et les acquéreurs réguliers. Si on ne les exproprie pas directement, on les exproprie indirectement en frappant toutes leurs propriétés d'un discrédit qui se traduit en moins-value, en fermant devant eux l'avenir, en diminuant la protection et les encouragements auxquels ils devaient compter. Quand on en viendra au règlement de ces diverses lésions, ce n'est pas 5 millions, mais 50 millions au moins qui seront nécessaires.

L'Empereur justifie ce plan de retraite en accusant « la colonisation d'avoir précédé en quelque sorte l'affermissement du pouvoir militaire, qu'elle devait suivre. Elle a marché avec nos colonnes, a établi des centres à soixante ou cent lieues de la mer, au milieu des montagnes, au bord du désert, affaiblissant ainsi l'occupation militaire qu'elle paralysait, forçant l'armée, pour défendre ces établissements, à se répandre sur un espace immense, au lieu de se concentrer dans un seul but stratégique. »

Ces appréciations ne s'accordent guère avec ce que nous ont appris nos études sur l'Algérie et nos voyages dans ce pays.

Oui, la colonisation a partout suivi l'armée, et c'est là un de ses plus nobles titres, car en l'accompagnant et en la suivant elle a aidé et a concouru à nourrir nos soldats en marche et en garnison : cantiniers, fournisseurs, voituriers, entrepreneurs divers, commerçants du jour, colons du lendemain ont fourni des vivres pour les hommes et pour les chevaux ; s'ils ont un peu abusé de l'absinthe, ils y ont été encouragés par les sollicitations des consommateurs, et ils ont racheté ce tort par de bien sérieux services, que des généraux eux-mêmes n'ont pas toujours dédaigné de reconnaître. Campés autour des postes ils ont fait acte de bon sens et d'utilité publique en sollicitant des terres, qu'ils ont trop tardivement et trop étroitement obtenues, pour avoir toujours sous la main du blé, de l'orge, des fourrages, des légumes frais, dont les garnisons profitaient. Voilà la raison d'être irréprochable d'un très-grand nombre de centres de population.

Quant à avoir affaibli, paralysé, disséminé l'armée, dans une défense forcée, et contraire au but stratégique de ces établissements coloniaux, nous cherchons en vain à quelles localités peut s'appliquer ce reproche. Dans l'énumération que fait l'Empereur des centres ou des postes situés hors du périmètre de colonisation, nous ne découvrons que des créations faites d'abord par l'armée et pour l'armée seule.

Prenons-les un à un, province par province, de l'ouest à l'est. *Nemours* (jadis *Djemma-Ghazaouat*) a été occupé en 1844 pour surveiller la frontière du Maroc, où Abd-el-Kader s'était réfugié. *Lalla-Maghrnia* a été construit à la même époque et aux mêmes fins. *Sebdou, Daïa, Saïda, Tiaret*, ont été bâtis ou restaurés, de 1842 à

1845, par des nécessités pareilles, pour fermer le Tell aux retours agressifs de l'émir et contenir les populations sahariennes. Quant à *Mascara*, capitale de l'émir, située au cœur des Hachems, sa tribu, non loin de Kaschrou, son berceau, elle a été occupée définitivement en 1842 pour devenir la base intérieure des opérations de l'armée française. Enfin *Ammi-Moussa* a été fondé en 1840 pour soumettre les *Flittas*.

Dans la province d'Alger, *Teniet-el-Had* et *Boghar* continuent la ligne des postes-magasins militaires, échelonnés sur la ligne du Tell, et leur occupation date aussi de 1842 et 1843. *Tiziouzou* et *Fort-Napoléon* ont été le couronnement de la grande et heureuse expédition de la Kabylie, en 1857. *Aumale* s'est élevé, en 1846, sur les ruines de l'antique *Auzia*, dans une pensée exclusivement stratégique.

Enfin, dans la province de Constantine, la colonisation n'est pas moins étrangère à la dissémination des garnisons. *Bordj-bou-Areridj* fut construit, en 1841, pour contenir la plaine de la Medjana sous l'autorité d'El-Mokhrani, notre khalifa. *Biskra* fut occupé en 1844 pour soumettre les oasis. A la même époque, *Batna* fut fondé pour protéger les communications avec Biskra et dominer les monts Aurès. *Aïn-Beida* a été occupé, en 1848, pour asseoir notre domination sur les Haractas, et *Tébessa*, en 1851, pour exercer la même pression sur les Nemenchas. Quant aux ports du littoral, *Bougie, Djidjelli* et *Collo*, est-il besoin de dire que leur occupation a été motivée par les menaces ou les révoltes de la grande et de la petite Kabylie?

En dehors de cette énumération il ne reste que *Laghouat* et *Géryville*, dans le Sahara. Laghouat, emporté d'assaut, en 1852, sur notre ennemi Mohammed-ben-Abdallah ; et Géryville, créé vers la même époque, pour contenir les Ouled-Sidi-Cheikh.

La colonisation est, on le voit, absolument étrangère au choix de ces emplacements, dont la fonction est si essentiellement stratégique, que l'Empereur ne propose pas l'évacuation d'un seul. Les localités qui ont été dotées de territoires civils (Nemours, Mascara, Batna, Bougie, Djidjelli, Aumale) n'ont obtenu cette faveur que longues années après la prise de possession militaire, et dans la stricte mesure que permettait l'intérêt de l'armée, dont elles n'ont pu ni gêner les opérations, ni disséminer les garnisons. La population civile y étant devenue l'auxiliaire de la population militaire, par l'éloignement des colons la condition des soldats empirera : telle est la réalité. Si l'on se débarrasse de leur présence, ce doit être pour d'autres causes.

Il en est une sur laquelle l'Empereur insiste, avec un fonds de vérité que nous ne devons pas méconnaître : les avantages d'une colonisation groupée plutôt qu'éparse, concentrée plutôt que disséminée. Du rapprochement naissent l'économie dans les frais généraux, la réciprocité de confiance, d'appui, de services réciproques, une force défensive plus résistante, un élan plus soutenu vers le travail et la richesse. Au nom de ces avantages qui sont réels, nous comprenons que l'on s'abstienne d'éparpiller davantage la colonisation ; mais nous ne pouvons admettre qu'elle doive être exilée des lieux où elle s'est établie : si elle y végète misérablement, d'elle-même elle se retirera ; en s'obstinant à y rester, elle se montre moins malheureuse qu'on ne suppose. Ne reculons pas, maintenant que le réseau est tracé, et qu'il n'y a plus qu'à remplir les mailles et relier les nœuds.

Ceci nous conduit à un nouvel aspect de la colonisation : les centres ou foyers de peuplement. Encore ici l'Empereur est dans le vrai, en répudiant les créations arbitraires et artificielles, qui ont été une des erreurs les plus obstinées du système qui a prévalu depuis trente ans, non toutefois sans excuses historiques et stratégiques, et sans la compensation de quelques avantages. Le programme impérial touche même de très-près à la vraie méthode, en voulant ménager des espaces pour les villages le long des voies ferrées. Mais, réduite à cette rare application, la solution impériale reste à peu près toute négative, au lieu d'affirmative qu'elle doit être. L'éclosion spontanée des centres, suivant l'heureuse expression empruntée à la langue des publicistes qui ont précédé l'Empereur dans cette thèse, suppose toujours un milieu propice à la fécondation et à la naissance des germes. Les traits constitutifs de ce milieu favorable manquent dans la lettre impériale, malgré la grande notoriété acquise à la méthode de colonisation anglo-saxonne, dont les enseignements pouvaient être si utilement invoqués.

Cette méthode suit une double voie : l'aliénation de sections de territoires, divisées en lots, contigus et non morcelés, où chaque propriétaire s'installe à son gré, avec une section centrale réservée, à titre de dotation, aux écoles et autres institutions d'utilité publique. L'autre voie consiste dans le tracé des routes, à droite et à gauche desquelles sont répartis, sur une profondeur divisée par des routes secondaires, des lots de terre qui se jalonnent de fermes et de maisons. Par le cantonnement local, on obtient les avantages du groupe; par les routes bordées d'établissements ruraux ou industriels, on avance dans l'intérieur du pays, et on relie les stations éparses. On échappe ainsi, autant qu'il est possible, aux inconvénients de l'étendue et de la distance, en réduisant au minimum ce qu'on pourrait appeler le *poids mort* de la colonisation. Ce qui reste inculte et inhabité ne coûte rien à entretenir; tout ce qui coûte des frais d'entretien en supporte sa part.

Dans cet admirable système, il n'y a pas lieu de créer de toutes pièces des centres de population : suivant le vœu de l'Empereur, ils naissent d'eux-mêmes, à leur jour et à leur place, par un concert d'efforts que favorise la vie municipale constituée dès le début; le commerce, l'industrie, l'administration, la religion, tout ce qui a besoin de se rapprocher, découvrent bien vite les emplacements les plus favorables, sans imposer leurs exigences à l'agriculture qui a besoin d'être répartie sur tous les lots cultivables. L'unité et la variété, la force centripète et la force centrifuge se combinent dans une heureuse et féconde harmonie.

Ce but et ces moyens manquent dans la lettre impériale, et diminuent l'autorité des critiques très-justes adressées aux créations artificielles.

Le même caractère d'exactitude et d'insuffisance se retrouve dans ce qui est dit des concessions. On a droit d'en signaler les abus et les défauts, à la condition d'y substituer la vente des terres pour attirer colons et émigrants; ainsi ont fait les publicistes, au nombre desquels nous pouvons nous inscrire, qui ont pris parti contre les concessions, par les raisons même que l'Empereur sanctionne de sa haute autorité. Leur espoir serait singulièrement déçu s'ils n'avaient abouti qu'à faire condamner ce système sans rien qui le remplace : à un progrès modéré la stagnation succéderait, et la stagnation, en fait de colonisation, nous devons répéter que c'est la décadence. Le silence absolu de l'Empereur sur les ventes de terre est inquiétant : il n'y est fait aucune allusion, tandis que la suppression de toute concession est posée en principe absolu. Si l'Etat ne concède plus de terres, et s'il n'en vend pas, c'en est fait, et dans un bref délai, de toute colonisation, à moins d'une énergie surhumaine des colons attendant, au milieu des expédiens et des souffrances, de meilleurs jours.

La suspension de toute concession s'étendrait même aux forêts qui, de toutes les richesses du sol, sont les mieux appropriées à ce mode d'aliénation. Comme on ne peut songer à les faire exploiter par l'Etat, on entendrait donc les abandonner de nouveau à la barbarie indigène. Si ce parti est adopté, que du moins il ne soit pas fondé sur des motifs qui incriminent, au delà de toute justice, les compagnies forestières déjà constituées. La lettre impériale assure qu'elles manquent de capitaux et de crédit ; que difficilement elles satisfont à leurs obligations ; qu'alors, leurs opérations sont suspendues, et que les forêts ne sont pas exploitées. Nous savons que les concessionnaires protestent contre la rigueur de ce jugement. Ils déclarent avoir les capitaux et le crédit, ce qu'ils constatent par les travaux exécutés, dont la valeur dépasse 11 millions de francs : ils sont au delà plutôt qu'en deçà de leurs obligations. Mais leur crédit et leur fortune sont gravement atteints par les incendies qui ont ravagé leurs travaux, et qui ont obtenu, jusqu'à ces derniers temps, une impunité qui encourage au renouvellement du crime. Ils s'étonnent en outre que ce sinistre, qui a pris en 1865 le caractère et les proportions d'un complot général, n'obtienne pas même une mention dans la lettre impériale, alors que quelques tracasseries subies par les indigènes sont longuement retracées, avec des témoignages réitérés de sympathie. Un tel contraste n'est pas de nature à consolider leur crédit.

Ce contraste n'est pas le seul qui doive inquiéter. Dans le périmètre de colonisation, qui est un premier démembrement de la totalité du Tell, le territoire civil, assigné aux Européens, n'en est lui-même qu'une très-petite fraction, qui reste ouverte aux acquisitions des indigènes, tandis que le territoire militaire, presque tout entier, constitué en main-morte au pouvoir des tribus et des douars, est interdit aux Européens. Ceux-ci seront refoulés et cantonnés, tandis que les premiers auront toute liberté d'achat et d'expansion. L'histoire devra reconnaître que désormais la colonisation algérienne fournit le rare et magnanime exemple de la civilisation se faisant, par scrupule de conscience, modeste et petite jusqu'à l'humilité, en face de la barbarie nomade et patriarcale!

### 6. Travaux publics.

La civilisation s'effacerait, mais n'abdiquerait pas, nous devons le déclarer, si les travaux publics, qu'énumère le programme impérial, recevaient un jour leur pleine exécution. Les passages qui s'y rapportent, quoique bien courts, sont les points lumineux de la lettre:

ils ont été la consolation des colons et ont suffi pour en rassurer quelques-uns. Nous inclinons dans ce sens. Que la Compagnie, représentée par deux personnages aussi éminents, sous tous les rapports, que M. Frémy, le gouverneur du Crédit foncier de France, à qui cette institution doit son principal essor, et M. Talabot, le créateur de tant de travaux mémorables, s'engage résolûment dans les affaires de l'Algérie; qu'elle consacre, suivant les vues de l'Empereur, en six ans, 30 millions aux routes, 20 millions aux ports, 30 millions aux barrages, canaux, desséchements de marais, puits artésiens, 15 millions au reboisement des montagnes, et nous lui ferons grâce des 5 millions de subsides destinés aux colons qui *végètent* loin des côtes : ils ne végèteront plus! Qu'elle verse enfin dans le pays les 100 ou 120 millions stipulés sous la forme d'opérations de crédit, et nous serons rassurés sur l'avenir. L'expérience et l'autorité d'une puissante compagnie redresseront les erreurs de doctrine et des projets que les colons ne peuvent que signaler, impuissants qu'ils sont à les corriger : la masse des intérêts nouveaux, qu'attirera et fixera en Algérie ce vaste développement d'affaires, fera contre-poids aux influences hostiles à la colonisation. Pour faire fructifier ses capitaux, la Compagnie enfin hâtera l'introduction des règlements économiques qu'exige la prospérité du pays. La Compagnie des chemins de fer elle-même, sans attendre l'autre, ne pourra tarder à représenter au gouvernement qu'une société, vivant en état de communauté et d'indivision, qu'une population de 2 millions et demi d'indigènes et de 200,000 Européens, ne pourraient alimenter une voie ferrée de 543 kilomètres, ce qui est la longueur totale décrétée entre Alger et Oran, entre Philippeville et Constantine.

A ces rassurantes perspectives il y a une ombre qui retient notre confiance. Annoncée aux Algériens dès le mois de mai par l'Empereur, sanctionnée dès le mois de juillet par le Corps législatif, liée par un contrat définitif avec le gouvernement au mois de septembre, la Compagnie Frémy-Talabot ne fonctionne pas encore. Les préfets ont disposé dans leurs budgets des fonds qu'elle devait verser, et le Trésor n'en a pas reçu un premier à-compte. Personne ne suspectera les chefs de la Compagnie de reculer devant leurs engagements; mais n'y aurait-il pas entre eux et le gouvernement de graves désaccords sur la manière d'entendre la convention et de disposer des capitaux? On le suppose, on le craint. Obligés de faire appel au public, MM. Frémy et Talabot doivent réclamer des garanties qui inspirent confiance au public. Il ne paraît pas que ce problème, difficile à concilier avec « le royaume arabe, les maghzen, » et le reste soit résolu, et quand le sera-t-il? Déjà des publicistes, qui sont aux écoutes, annoncent que le gouvernement est disposé, s'il ne peut triompher des exigences de la Compagnie Frémy-Talabot, à demander les 100 millions à un emprunt public pour les appliquer, entièrement à son gré, aux besoins de l'Algérie. Ceci n'est plus la même chose. Maître absolu des 100 millions, l'Etat renforcera son autocratie; les forces individuelles, isolées ou collectives, en seront d'autant amoindries. Le résultat contraire était peut-être le principal avantage de la Compagnie générale algérienne, avantage si précieux qu'il a fait taire, dans toute la colonie, les scrupules qui, en d'autres temps, se seraient élevés contre une puissance financière dotée de 100,000 hectares; elle aura besoin d'une sagesse infinie pour ne pas susciter les animadversions qui ont de tout temps, et trop souvent avec justice, poursuivi la féodalité territoriale.

Les autres travaux publics, qui restent livrés aux soins de l'Etat ou des provinces, sont l'objet d'observations sévères peut-être à l'excès. Bien que la plus stricte économie soit justement recommandée, faut-il cependant que l'architecture d'un grand peuple ne soit pas indigne de son génie; qu'elle n'affiche pas une mesquinerie qui accuse la pauvreté, une fragilité qui trahisse le peu de foi dans un avenir durable. En face des monuments laissés en Afrique par les Romains et les Espagnols, les Français ne peuvent s'accuser d'une ambition trop grandiose dans leurs édifices; et pour ne parler que d'Oran, la ville algérienne que nous connaissons le mieux, notre mémoire y cherche en vain « les établissements civils et militaires hors de proportion avec les besoins et les ressources du pays, » que blâme l'Empereur. Sauf un énorme, mais nécessaire hospice, nous n'y découvrons que de fort modestes édifices, bien humbles à côté du Château-Neuf des Espagnols. Quant aux villes de l'intérieur, comme Sidi-bel-Abbès, l'Empereur se demande à quoi serviront les vastes constructions militaires que le génie y a élevées, si le siége de la subdivision est transféré à Tiaret. Elles serviront à recevoir les établissements de la division, qui ne manqueraient pas alors d'être transférés d'Oran à Sidi-bel-Abbès. Ne sommes-nous que campés en Algérie, nous avons assurément trop dépensé en bâtiments. Y sommes-nous pour des siècles, pour toujours, il n'y a à regretter que la prédominance excessive des constructions militaires et surtout leur emplacement, qui forme obstacle au développement des villes.

Sur ce point, la lettre impériale donne pleine satisfaction à l'opinion et tempère la tristesse d'autres impressions. L'Algérie civile a ratifié de toute l'énergie d'un vœu, longtemps comprimé et méconnu, la déclaration suivante : « On doit, partout où cela est possible, et sans nuire aux intérêts réels de la défense, restreindre les servitudes, livrer à la colonisation des terrains que l'Administration s'est réservés et qui ont déjà acquis une grande valeur, en échange d'autres terrains où les établissements des administrations pourraient être installés à beaucoup meilleur marché. »

### 7. Mesures proposées.

Les considérations qui précèdent laissent en dehors quelques-unes des mesures proposées dans le chapitre consacré à la colonisation ; nous réunissons dans ce paragraphe ce que nous avons à en dire.

Nous approuvons sans réserve :

La correspondance et les transports à l'industrie privée ;

L'exemption du service militaire en France accordée aux jeunes colons ;

L'allégement de ce même service en Algérie ;

L'attache d'auditeurs du Conseil d'État au conseil du gouvernement en Algérie ;

La publication d'un vocabulaire des noms arabes en territoire civil ;

La simplification de la procédure ;

L'essai en Algérie de réformes destinées à être imitées en France.

A l'exception de la mesure relative aux auditeurs, dont l'idée n'était pas venue, et qui nous paraît très-propre à rattacher, par des liens plus intimes, l'innovation algérienne à la tradition française, toutes les autres mesures avaient été dès longtemps réclamées par les divers organes de l'Algérie; en se les appropriant, en les revêtant de sa haute sanction, l'Empereur est assuré de la reconnaissance publique.

L'intervention d'interprètes au sein des conseils généraux est accompagné d'un commentaire improbatif à l'adresse du conseil général d'Oran, que, en notre qualité d'ancien membre et secrétaire de ce corps, nous ne pouvons silencieusement accepter. « Jusqu'à présent à Oran, porte la lettre impériale, le conseil général n'a pas permis aux indigènes d'avoir un interprète, de sorte qu'ils restent étrangers à ce qui se passe dans le conseil. » Ce n'est pas le conseil, c'est la loi qui n'admettait pas d'interprètes dans les conseils généraux; le décret du 27 octobre 1858 ne contient pas une ligne dont on pût s'autoriser pour l'admission d'un étranger au sein des séances, et il n'appartenait pas à l'assemblée d'y suppléer. Il n'y a pas eu d'interprètes à Alger et à Constantine plus qu'à Oran. Une telle nomination était d'ailleurs inutile, vu la présence d'un conseiller israélite[1], parlant parfaitement l'arabe et très-convenablement le français, qui traduisait aux autres indigènes tout ce qu'ils voulaient, et dont la traduction était contrôlée, au besoin, par divers membres qui n'étaient pas non plus étrangers à la langue arabe. Il est vrai cependant que ces collègues musulmans ont peu suivi les

[1] M. Haïm Ben-Ichou.

délibérations, mais pour une autre cause que l'ignorance de la langue française : c'était l'ignorance plus difficile à vaincre des idées et des matières. On a beau être un riche propriétaire, ou un brillant cavalier, ou un courageux guerrier, on n'est pas pour autant initié à cette multitude de connaissances civilisées que suppose l'exercice du mandat de conseiller général : il faut, pour y être apte, une préparation d'éducation, d'habitude et d'esprit, qui fait entièrement défaut à tous les anciens musulmans, à une ou deux exceptions près peut-être. Ainsi pas un de nos collègues d'Oran n'a pu lire les rapports des préfets et des pièces qui les accompagnaient; et les eût-on traduits en arabe, il n'y eût pas compris davantage : cela dépasse leur degré actuel de culture intellectuelle. Aussi n'ont-ils pu rendre aucun service dans aucune commission, et n'a-t-on pu leur assigner qu'une fonction dérisoire, en les chargeant de la vérification des dossiers des comptes, dont ils ne comprenaient pas un seul mot et à peine les chiffres.

La nomination d'interprètes qui a été, dans le courant de 1865, autorisée par un décret, ne corrigera pas cette incapacité native; quelques incidents des discussions pourront seuls être traduits; le fond, la substance, l'ensemble des délibérations ne pourront pas l'être : des mois n'y suffiraient pas, et l'on n'a que dix jours. Les documents officiels, base des débats, pourront moins encore être traduits : le budget provincial est trop pauvre pour une telle prodigalité, fort inutile d'ailleurs; c'est dans le cerveau musulman que la lumière manque. A ce mal il n'y a d'autre remède que le choix des conseillers indigènes parmi les hommes qui, en s'initiant à notre langue, ont donné un premier gage de leur ralliement à la civilisation et fait un premier effort pour se rendre dignes des honneurs et des fonctions dont les investit la libéralité, excessive peut-être, de la France. On aura beau, suivant le vœu de l'Empereur, appeler au sein des conseils des notables indépendants et riches : qu'y feront-ils, s'ils n'entendent pas la langue et s'ils ne comprennent pas les idées? Ils saisiront au vol quelques notions, que leur esprit déformera et répandra défigurées et travesties au sein de la population. A titre de témoignage de bienveillance envers les vaincus, l'admission d'un ou deux conseillers généraux était une pensée louable; en accroître le nombre, et surtout les choisir parmi ceux qui ignorent notre langue, comme la nomination d'interprètes permettra de le faire, est une exagération qu'aucun avantage ne justifie et que condamnent beaucoup d'inconvénients, entre autres la réduction des membres utiles à un nombre trop restreint pour les travaux des commissions. En ceci la loi devance trop les mœurs.

Le programme prescrit de

> Veiller à ce que les journaux ne sèment pas la méfiance et la désaffection entre les indigènes et les Européens par des attaques exagérées ou sans fondement.

Rien de mieux en principe, mais d'une application tout à fait arbitraire, dès que l'on recourt à l'administration au lieu de s'en fier à la loi, qui punit le délit d'excitation à la haine entre les diverses classes de citoyens. L'Empereur a dû fonder cette recommandation sur le témoignage de M. Cusson, affirmant (page 13) que, « dans le cours de son voyage du Sahara oranais, il a trouvé des extraits de journaux algériens traduits en arabe et contenant les accusations les plus violentes contre l'autorité militaire, en même temps que les menaces les plus absurdes à l'adresse des populations indigènes. Les attaques systématiques d'une certaine partie de la presse sont... les principales causes de l'insurrection du Tell. »

Nous avons dit ce qu'étaient la valeur morale et les antécédents de M. Cusson ; l'Empereur les a ignorés. Mais la lecture attentive de ce passage n'aurait-elle pas dû en démasquer l'audacieuse fausseté? Quoi! des journaux algériens sont remplis d'*attaques violentes contre l'autorité militaire et de menaces de dépossession des indigènes,* et cela sous la rude autorité du maréchal Pélissier ou du général de Martimprey, deux hommes dont on n'a jamais dénoncé la tendresse pour le journalisme! Les journaux coupables de tels méfaits n'eussent pas survécu vingt-quatre heures, tant les moindres peccadilles leur ont valu d'avertissements, de suspensions et de condamnations. Si ces traductions d'extraits ont quelque réalité, quels seraient les coupables? Non les journalistes, qui écrivent seulement en français, mais les traducteurs, familiers avec la langue arabe, qui n'ont pas reculé devant la falsification des textes originaux. De ces infidèles interprètes, responsables de l'agitation et de la révolte, M. Cusson, qui a vu de ses yeux les extraits, pourrait sans doute aider à découvrir la trace.

La presse algérienne n'a le tort que de dénoncer avec courage, quoiqu'avec une mesure que lui impose la prudence, les vices de la société arabe et les dangers du fanatisme musulman. Elle a le tort encore de ne pas assez admirer les livres et les vertus des renégats. La conscience publique l'absout, et l'Empereur lui-même, croyons-nous, tout en blâmant des écarts qui seraient condamnables, ne peut que souhaiter de la voir poursuivre ces abus qu'il a lui-même vus de ses yeux et frappés de sa main vigoureuse. La presse en eût fait justice, s'ils eussent été livrés à son libre examen. Dans la situation qui lui est faite, entre une loi peu clémente et une administration militaire dont l'indulgence est le moindre défaut, la presse a plus besoin d'aiguillon que de frein.

Enfin, l'Empereur prescrit

D'examiner si le Conseil du gouvernement ne pourrait pas, pour beaucoup d'affaires urgentes, se dispenser du renvoi au Conseil d'État, cause de beaucoup de longueurs.

Sous une apparence inoffensive et une intention bienveillante, cette recommandation pourrait aboutir à des résultats graves et imprévus que nous devons signaler.

Dans d'autres passages de sa lettre, l'Empereur montre ses préférences pour la concentration à Alger de la haute administration de l'Algérie. Il blâme « l'idée qui avait prévalu de diriger, du sein de la capitale, des intérêts divers et compliqués qui ne pouvaient être connus et satisfaits que sur place. » Il se félicite que « toutes les administrations, excepté la justice, soient soumises d'une manière absolue à l'autorité du gouverneur général. » En principe, l'unité obtenue à ce prix était contestable, — nous en avons, pour notre part, contesté l'excellence, — mais elle avait quelque chose de spécieux qui a séduit beaucoup d'esprits. L'expérience a dû leur dessiller les yeux. Jamais les affaires algériennes n'ont été moins décidées à Alger que depuis qu'on y a rétabli le gouvernement général, avec les apparents pouvoirs d'un ministre. Paris est plus que jamais resté le centre de toutes les grandes résolutions, comme y obligent la nature des choses et la réalité des faits, avec cette seule différence, que la responsabilité et l'intervention du ministère de la guerre sont passées au cabinet de l'Empereur, beaucoup moins accessible et moins responsable. Les lettres mémorables de Napoléon III au duc de Malakoff et au duc de Magenta ont dicté la politique à suivre, et elles sont datées des Tuileries. N'eût-on recueilli que du bien de cette souveraine intervention, elle dévoile le côté faible du système qui prétend centraliser toute l'autorité à Alger ; il n'est qu'une fiction : c'est à Paris, aux mains de l'Empereur seul et de son entourage immédiat, que la direction se trouve concentrée, quand il n'y a pas un ministère et des bureaux.

Nous craignons l'aggravation de ce système fictif par la substitution du Conseil supérieur du gouvernement au Conseil d'Etat dans les affaires algériennes, autres que celles d'un ordre secondaire, qui peuvent et doivent être résolues sur place. Pour toutes les hautes questions de législation, d'administration, de finances, de travaux publics, le Conseil d'Etat nous offre des garanties que ne possède pas au même degré le Conseil supérieur du gouvernement algérien. Le Conseil d'Etat a pour lui la tradition, l'expérience, la science, l'inamovibilité, l'ambition satisfaite ; il lui manque seulement la spécialité, qui s'obtiendrait par la création d'une section algérienne et coloniale. Dans les grandes affaires, l'urgence n'est jamais telle, qu'une section spécialement compétente du Conseil d'Etat ne puisse, par un travail régulier, donner satisfaction à l'intérêt public.

### VI. La lettre impériale et la domination.

Sur ce chapitre nous serons plus bref : notre incompétence nous en fait un devoir. Quelques réflexions sur les questions de principes et les leçons de la géographie et de l'histoire, et pour le reste quelques citations empruntées à des officiers supérieurs, suffiront à notre dessein.

Nous tenons pour un principe, politique autant que stratégique, l'entière domination de l'Algérie, dans la Kabylie et le Sahara autant que dans le Tell : aussi nous sommes-nous fait, dans *l'Economiste français*, avec une grande vivacité de sentiment et de langage, l'écho des inquiétudes de l'Algérie française, quand fut connu l'ordre d'évacuation des caravansérails au mois d'août dernier. La suspension de cet ordre, qui survint presque aussitôt, fut-elle due, comme on l'a dit, aux résistances de M. le maréchal de Mac-Mahon, ou à la levée d'armes de Sidi-Lala, le chef des Ouled-Sidi-Cheikh, ou à toute autre cause? C'est un point secondaire. Le point principal a été obtenu ; et dans la nouvelle édition de la lettre, la pensée impériale a reçu d'importantes modifications. Le passage suivant a été retranché :

> Supprimer dans ces localités (Géryville, Laghouat, Djelfa) les bureaux arabes, les remplacer par de simples postes militaires.

Et bien que le rappel des colons figure encore dans le programme nouveau, aucune menace d'expulsion ne leur a été adressée depuis l'avis donné à Juan Mas, le colon d'El-Mesaran, qui fut le signal des protestations.

Il reste cependant une tendance avouée à affaiblir nos postes de l'extrême sud, sans toutefois les abandonner. Dans quelles limites on peut le faire avec sécurité, en substituant l'action des goums à celle des troupes françaises, nous ne saurions le dire, et nous supposons d'ailleurs que l'expérience de la dernière guerre contre les Sahariens aura appris à quelles conditions peuvent s'obtenir des avantages décisifs. Il est certain que personne ne tient, quant à présent du moins et pour longtemps encore, à coloniser ni les steppes ni les oasis du Sahara, et à y disséminer des troupes sans nécessité : les colons de Géryville, de Laghouat et de Djelfa y ont été attirés et y sont retenus par la présence de garnisons auxquelles ils fournissent des vivres et des marchandises ; les troupes étant retirées, colons, marchands, aubergistes se retireraient d'eux-mêmes, sans qu'on eût à les rappeler, comme ils y resteront, en dépit de toutes les invitations, tant que les officiers et les soldats auront besoin d'eux. Quant à les chasser de vive force d'un pays soumis à la France, ce scandale ne sera certainement jamais infligé au drapeau de notre patrie : ce serait déjà un grand déshonneur que de les abandonner sans protection !

Au-dessus de ces éventualités secondaires plane une règle suprême de politique et de stratégie, consacrée par toute l'histoire. Pour être en sécurité dans le Tell, il faut être maître du Sahara. Pendant la première période des luttes on admettait que les Sahariens obéissaient nécessairement aux dominateurs du Tell, sous la pression de leurs besoins d'approvisionnement pour les hommes, de dépaissance pour les troupeaux. L'expérience a de beaucoup démenti cette prétendue loi. Sans parler du versant nord des montagnes sahariennes, qui peut fournir une certaine quantité de céréales et une assez vaste étendue de pacages, même en été, les tribus nomades vont, à leur gré, se fournir dans le Maroc et la Tunisie, et conservent leur indépendance vis-à-vis les maîtres du littoral.

Pour vaincre leur résistance il a donc fallu s'installer au milieu d'elles, en des lieux favorables à la surveillance et au châtiment; il a fallu encore munir ces localités des moyens de subsistance et de combat, pour une période de quelque durée, à raison de leur distance du littoral. De là l'importance que ces postes ont successivement acquise par la force même des choses et sans aucune idée préconçue d'invasion militaire ou d'expansion coloniale. La nécessité a tout fait, l'ambition rien. Mais à cette nécessité l'Empereur n'assigne que deux causes : 1° faciliter les relations commerciales avec le Soudan ; 2° maîtriser les populations turbulentes du Sahara. Il en est une troisième, de beaucoup la plus importante et presque la seule : fermer aux agitateurs du Tell leur refuge. L'occupation des postes extrêmes du sud, Biskra, Laghouat avec son annexe Djelfa, reconnaît cette origine.

L'expédition du Zab, en 1844, fut déterminée par les intrigues du bey déchu de Constantine, Ahmed, réfugié dans les montagnes des Ouled-Sultan, qui cherchait à se rendre maître de Biskra, mal défendu contre lui par Mohammed-Ben-Hadj-El-Sghir, le successeur de Fahrat-Ben-Saïd, notre ancien allié; en lui fermant ce refuge, le duc d'Aumale porta le dernier coup à la fortune du bey et assura la domination française dans toute la province de l'est. Un motif pareil inspira l'expédition et la prise de Laghouat par le général Pélissier, en 1852. Cette ville avait reçu dans ses murs le chérif d'Ouargla, Mohammed-ben-Abdallah, l'ennemi le plus acharné, sinon le plus redoutable que nous ayons rencontré en Algérie. C'est pour ménager le succès de l'expédition que le général Yusuf fit construire à Djelfa une maison de commandement. Enfin la construction du poste-magasin de Géryville, quoiqu'elle se rattache sans doute plus directement à l'hostilité de chefs sahariens, (Cheikh-Ben-Taïeb, Sidi-Hamza avant sa soumission), a été la conclusion finale d'expéditions et de reconnaissances liées aux insurrections du Tell. Le colonel Géry, dont le camp rappelle le nom, y fut envoyé en 1845 pour repousser Abd-el-Kader qui, du Maroc, s'était porté dans le désert oranais ; et les expéditions des généraux Cavaignac et Renault, dans les années suivantes, avaient aussi pour but de surveiller les émissaires de l'émir, d'intimider les tribus disposées à l'accueillir, de maintenir les autres dans des dispositions favorables à notre cause. Les Tedjini, qui étaient ses ennemis, ont toujours été respectés par nous dans leur bourgade d'Aïn-Madhi. Que dans ces hardies et lointaines excursions les intérêts du commerce ne fussent pas négligés, non plus que les recherches de la science, on ne pouvait attendre moins de la sollicitude de généraux pour la plupart aussi distingués par la science que par leurs talents militaires; mais ce ne fut jamais qu'un objet accessoire, et de la colonisation au Sahara il n'en fut jamais question.

La sécurité du Tell par la domination du Sahara a donc inspiré nos marches en avant, sur les traces des Romains, qui avaient été conduits, comme nous, dans le sud, par les exigences de la topographie. Les oasis de l'est, depuis El-Kantara jusqu'à Tuggurt, révèlent le séjour des Romains. Le pays de Laghouat est parsemé de ruines romaines qui ne deviennent rares que dans le sud oranais. La zone des hauts plateaux présente de pareils vestiges. Les Romains avaient assigné Lambessa, auprès de Batna, à cinquante lieues du littoral, pour résidence à la troisième légion auguste, dont le souvenir survit dans tant de monuments et de récits.

Quand ils rétrogradèrent vers le littoral ils déclinaient.

« ... Rome, dit un historien, avait donc reculé : ses avant-postes, après avoir été à Messad (dans le sud), près de Laghouat, sur l'Oued-Djedi, au temps des Sévères, qui fut la belle époque de sa domination, s'étaient repliés plus tard sur sa frontière militaire des plateaux de l'Atlas méditerranéen ; et celle-ci même avait fléchi sur son point le plus important, à la colonie d'Auzia (*Aumale*), qui avait été remplacé dans son rôle de chef-lieu par un simple fort, le *Castellum Auzienze*. Nous avons donc le droit de dire qu'à ce point de vue les Romains étaient entrés dès lors dans la phase de décadence [1]. »

Une retraite pareille accuserait de nos jours une pareille décadence ; les indigènes y verraient le signal de la fuite, le triomphe de l'islam, le prochain avénement du *Moule-Saa*, du maître de l'heure qui doit balayer les chrétiens de toute l'Afrique, et les précipiter dans la mer. A aucun prix, sous aucun prétexte, et d'aucune façon le drapeau français ne doit reculer du Sahara dont il a pris glorieusement possession.

Cette grande loi de notre politique nationale, sans

[1] Berbrugger, *les Époques militaires de la grande Kabylie*, p. 266, 267.

être aussi nettement exprimée qu'on le souhaiterait dans la lettre de l'Empereur, n'est cependant pas non plus méconnue ; elle semble même découler d'une seconde vérité de même importance qui est très-résolûment proclamée :

Porter la plus grande partie des forces près de la lisière du Tell.

Dès que ce principe stratégique sera bien fermement mis à exécution, il entraînera ses nécessaires conséquences, et l'expérience apprendra jusqu'à quel point l'inexpugnable occupation de la ligne des postes-magasins du Tell, appuyée par l'action des colonnes mobiles, permet de dégarnir les postes plus méridionaux. Il ne nous appartient pas de devancer les enseignements de l'avenir à cet égard.

Nous gardons la même réserve au sujet des colonnes mobiles qui paraissent obtenir la faveur de beaucoup de bons esprits ; les vues de l'Empereur ont été l'objet d'éloges, et aussi de quelques rectifications, dans un écrit signé d'un des noms les plus considérés et les plus compétents dans les choses algériennes, M. le commandant Richard, l'ancien chef du bureau arabe d'Orléansville.

Cet officier voudrait que l'on variât la composition et la force des colonnes, suivant les temps de paix ou de guerre, et suivant les régions à parcourir ; il y introduirait une escouade de soldats du génie pour faire dans les tribus une foule de petits travaux dont l'exécution les embarrasse fort, pour leur apprendre l'usage de nos outils et leur en distribuer au prix coûtant, s'ils en exprimaient le désir. Vues très-saines et très-praticables, nous semble-t-il.

Par ce système de paix armée et toujours active, sorte de gendarmerie ambulante, l'Empereur espère réduire l'armée française à 50,000 soldats, à la condition de reconstituer sur nos frontières les *maghzen*, qui furent l'instrument des Turcs pour la domination du pays. A cette imitation des Turcs, à cette renaissance de procédés empruntés à la barbarie la plus brutale, tous nos instincts de colon, de civil et de Français résistent; mais peut-être cédons-nous à des préjugés d'éducation qui ne sont pas de mise en Algérie. Aussi nous effaçons-nous pour donner la parole à l'officier supérieur que nous venons de citer.

« Les makrezens voisins de certains centres d'occupation, comme ceux d'Oran, de Médéah et autres, ont pu, je ne le conteste pas, être d'un grand secours aux Turcs, au point de vue de leur politique *razzante*. Ces makrezens ont pu même, à l'origine des choses, nous être d'une incontestable utilité, en nous fournissant de bons guides et de bons éclaireurs; mais au point où nous en sommes, le retour à cette vieille institution de dévastateurs publics, malgré tous les soins que nous mettrions à l'amender, me paraîtrait offrir beaucoup plus d'inconvénients que d'avantages. Placés sur la lisière du Tell, comme l'indique l'Empereur, c'est-à-dire loin de notre contrôle et de notre direction, des tribus de ce genre seraient un fléau pour leurs voisines, et, chose plus grave, prépareraient un excellent corps d'armée pour la prochaine insurrection. Au premier ouragan de fanatisme soufflé par le désert, sur un signe d'un nouveau Bou-Maza, ces charmantes tribus *fidèles* se rueraient en masse sur nos premiers établissements et les mettraient à feu et à sang, *au nom du Dieu clément et miséricordieux*. Pour moi, qui ai vu, tant vu de *tribus fidèles* nous tourner les talons du jour au lendemain, et tant d'*amis dévoués* tenter de m'expédier au détour d'un buisson, je déclare ne conserver aucun doute à cet égard.

« En résumé, l'armement régulier d'un certain nombre de tribus, sous prétexte de les transformer en auxiliaires utiles, me paraît d'une pratique dangereuse en temps de guerre et impolitique en temps de paix. Dans le premier cas, cette mesure grossirait inévitablement le nombre des soldats de l'insurrection ; dans le second, les exemptions d'impôts et les divers privilèges qu'il faudrait leur accorder, en créant une inégalité choquante entre elles et les voisines, provoqueraient chez ces dernières de nombreuses causes de mécontentement. Je préfère à ce système, et de beaucoup, le désarmement méthodique des tribus, comme devant nous offrir de plus sûrs avantages. En toutes choses, tâchons de ressembler le moins possible aux Turcs, et nous nous en trouverons bien. »

Ce sentiment si défiant envers les maghzen ne paraît pas isolé dans l'armée ; l'Empereur reconnaît lui-même que « beaucoup d'officiers qui ont servi en Afrique, et dont l'opinion est d'un grand poids à ses yeux, ne sont pas favorables à une augmentation des troupes indigènes et à l'établissement des maghzen. » A leurs objections Sa Majesté oppose : 1° l'économie à obtenir sur les dépenses d'hommes et d'argent ; 2° l'éventualité d'une guerre européenne qui nous fermerait la mer.

Pour la question d'économie, c'est aux hommes du métier à la résoudre, et l'on peut voir dans quel sens, opposé à la lettre impériale, la résout le commandant Richard. Mais l'hypothèse d'une guerre européenne est du domaine de la raison commune et de la science profane, qui ont bien quelques observations à proposer.

Elles disent d'abord, avec beaucoup d'officiers, qu'il n'y a aucun fond à faire, en pareil cas, sur les maghzen, qui, tout compromis qu'ils soient, ne manqueraient pas de nous abandonner et de se tourner contre nous, si nous cessions d'être les plus forts ; ils sont Africains, ils sont musulmans : c'est assez dire. Une autre raison non moins décisive ne permet pas de se livrer à leur protection : les troupes françaises qui, en un nombre quelconque, se trouveraient en Algérie, avec quoi pourraient-elles s'alimenter, si la colonie européenne ne leur assurait des vivres, le jour où la mer serait fermée, où les tribus se révolteraient ? Soldats français et colons français ne peuvent s'appuyer que les uns sur les autres, et ils doivent se suffire pour être en sûreté vis-à-vis des indigènes sans être livrés à la très-suspecte protection des maghzen.

Une puissante colonisation européenne promet seule de conjurer de funestes éventualités. Ainsi l'ont pensé, depuis trente ans, même les hommes de guerre les plus éminents, dont il est bien regrettable que l'Empereur n'ait pas rappelé l'opinion.

C'est d'abord le maréchal Bugeaud, dont il invoque l'autorité en faveur du système des postes peu nombreux.

« Nous avons affaire à un peuple énergique, persévérant et fanatique ; pour le dompter, il faut nous montrer plus énergiques et plus persévérants que lui, et après l'avoir vaincu plusieurs fois, comme de tels efforts ne peuvent pas toujours se renouveler, il faut, *coûte que coûte, l'enclaver par une population nombreuse*, énergique et fortement constituée. Hors de cela, il n'y aura que des efforts impuissants et des sacrifices qu'il faudra toujours renouveler, jusqu'à ce qu'une grande guerre européenne ou une grande catastrophe en Algérie nous force d'abandonner une conquête que nous n'aurons pas su garder[1]. »

[1] Lettre au maréchal Soult, *Mémoires de M. Guizot*, t. VII, chapitre de L'ALGÉRIE.

Après Bugeaud, c'est La Moricière :

« On est aujourd'hui unanime sur ce point, que le seul moyen d'arriver à résoudre ce qu'on appelle la *question d'Afrique* est d'établir sur le sol d'Algérie une population chrétienne assez considérable pour nourrir l'armée, fournir à son recrutement et à son entretien, et imposer par sa masse aux populations musulmanes [1]. »

Après Bugeaud et La Moricière, c'est le général Bedeau :

« Toutefois, si les circonstances particulières de notre établissement, si la composition exceptionnelle des populations ont facilité le gouvernement de la province (de Constantine), nous n'en devons pas moins rester convaincus que nous ne serons réellement maîtres du pays *qu'après y avoir introduit une population européenne*, nombreuse, active, industrielle, susceptible de rendre définitivement français le sol conquis par le courage et les fatigues de l'armée [2]. »

Après Bugeaud, La Moricière, Bedeau, c'est Pélissier, le vainqueur de Malakoff :

« Il faut dire encore : tout nous commande de fixer en Algérie une population nombreuse et forte, d'abord pour transformer le sol, ensuite pour le conserver. L'effectif de l'armée ne pourra pas toujours être maintenu à son chiffre actuel. Il faut prévoir le jour où il aura diminué, et mettre dès lors nos établissements en état de se défendre eux-mêmes, aussi bien contre des attaques extérieures que contre des soulèvements intérieurs. Pour cela, il n'est pas indifférent que la population

[1] *Projets de colonisation pour les provinces d'Oran et de Constantine*, présentés par MM. les lieutenants généraux de La Moricière et Bedeau, p. 35. Mémoire n° 2 des *Projets* La Moricière, rédigé par M. de Martimprey, alors lieutenant-colonel d'état-major.

[2] Même recueil, p. 104.

européenne soit placée au hasard : il faut qu'elle occupe les points stratégiques, les grandes voies de communication, et qu'elle s'y développe avec sécurité et liberté[1]. »

Rappelons enfin, pour clore la liste de ces témoignages imposants, que M. le général Allard déclarait, il y a deux ans, devant le Corps législatif, et en qualité de commissaire du gouvernement, que la présence de 800,000 Européens en Algérie et la désagrégation des tribus étaient les seules solutions de la question algérienne.

De cette conviction, aussi générale dans l'armée que parmi les colons, il n'y a pas trace dans la lettre impériale, qui se borne à rechercher quel appoint les milices européennes pourraient fournir à l'armée, d'après le chiffre (en 1861) de 192,000 âmes, que l'Empereur semble considérer comme l'apogée des progrès de la population. Il ne nous appartient pas de rechercher les causes de cette lacune, nous ne pouvons que la constater et la regretter, en adhérant de toutes nos forces à la doctrine d'hommes d'illustres, dont la gloire acquise dans la guerre rehausse l'autorité quand ils déclarent qu'une forte et nombreuse population européenne, associée à l'armée, peut seule conserver l'Algérie à la France en cas de conflit européen. Pas un d'eux n'a pensé aux *maghzen*, où ils n'auraient vu certainement qu'un danger de plus.

Sauf cette prévision timide sur l'avenir de la colonisation, les vues de l'Empereur sur la milice promettent l'emploi utile des forces vives qui existeront. Les jeunes gens, appelés au service militaire par le recrutement,

[1] Observations présentées au Conseil supérieur du gouvernement, le 7 octobre 1861.

seront retenus en Algérie et organisés comme la réserve en France; ils recevront l'instruction militaire, l'uniforme, etc.; en cas de nécessité ils seraient incorporés dans les régiments.

L'Algérie apprécie vivement cette faveur bien justifiée. Ce n'est pas, croyons-nous, sur les jeunes gens seuls qu'il y aurait à compter si on tirait des milices tout le parti possible. L'Empereur constate que « l'armée ne peut trouver aujourd'hui aucun appui auprès de la population virile des colons; qu'ils n'ont aucun esprit militaire et ne sont pas exercés au maniement des armes. » Le reproche nous semble un peu excessif, et démenti par l'esprit de discipline et de courage qu'ont toujours montré les milices algériennes, comme celles des colonies, quand on a fait appel à leur patriotisme. Ce défaut de concours est difficile à concevoir en un pays où un très-grand nombre de colons, la majorité peut-être, sort des rangs de l'armée. Si l'esprit militaire s'affaisse parfois trop promptement, la faute n'en est-elle pas à ce qu'il manque de l'appui de tout un ensemble d'habitudes libres et civiques, comme il les faut à un peuple pour qu'il sacrifie de temps en temps ses plaisirs à ses devoirs? Combien n'eût-il pas été facile d'instituer parmi eux des sociétés de tir et de gymnastique qui eussent rempli, de leurs utiles exercices, les jours de fêtes et de loisirs? On n'a rien favorisé de tout cela, et l'on a mieux aimé offrir pour distractions les parades des mâts de cocagne, des courses au sac, et autres stupides amusements. L'Algérie doit emprunter à la Suisse les institutions sérieuses et viriles qui dressent un peuple à se défendre lui-même; éclairés par l'expérience des dernières révoltes, les colons algériens s'y prêteront avec ardeur pour peu que le gouvernement les encourage, ou seulement leur témoigne son bon vouloir, condition de tout succès en un pays où le gouvernement se montre jaloux au plus haut degré de conserver en tout la direction suprême.

Nous dirons peu de chose des autres sujets qu'aborde la lettre impériale à propos de l'occupation militaire : les bureaux arabes, les turcos, les spahis, les fortifications.

Après les éloges accordés à leur valeur et à leur intégrité, les bureaux arabes sont au fond condamnés, pour les raisons invoquées par toutes les voix indépendantes contre leur organisation actuelle. La réorganisation que trace l'Empereur est une véritable transformation qui en conserverait les bons côtés en atténuant, autant que possible, les mauvais. Leur principal tort subsistera cependant : un patronage intéressé, par sa mission et son devoir, à consolider la tribu, à la préserver de la désagrégation qui accroîtrait le travail et la surveillance, de la civilisation qui ébranlerait l'autocratie des chefs, et surtout de la colonisation qui introduirait un corps étranger dans un milieu homogène. Enfin il est douteux que les commandants supérieurs à qui sont restituées, comme il convient, l'autorité, l'initiative et la responsabilité, même dans les affaires indigènes, soient habituellement en mesure d'exercer en réalité leurs pouvoirs. Dès à présent le retour aux principes existe dans une assez large mesure, et il en est plus d'une fois résulté que les bureaux arabes n'y ont perdu que leur responsabilité.

Un passage de la lettre impériale a été fort remarqué :

Je sais, d'une manière positive, que le langage et la conduite imprudente de quelques officiers des bureaux arabes n'ont pas été sans influence sur l'esprit de certains chefs, qu'ils ont poussés dans l'insurrection.

Pour quiconque est tant soit peu au courant de l'origine de la révolte des Ouled-Sidi-Cheikh, ces lignes sont transparentes; elles justifient les récits accrédités dans la province d'Oran. Elles font justice des ridicules explications de M. Cusson, qui attribue l'insurrection aux machinations des commerçants marocains en relations suivies avec Gibraltar, et aux menées de la famille Ben-Beker, et surtout de l'un de ses membres, Cheikh-ben-Tayeb, dont la vieillesse s'éteint à Fez dans l'isolement et la prière.

Au sujet des *turcos* et des *spahis*, l'Empereur répète avec complaisance l'une de ses maximes : « Ce que l'Afrique peut produire de plus utile à la France, ce sont des soldats, » maxime fort contestable dans sa généralité : un cultivateur indigène qui produit 500 francs de valeurs par an, un colon européen qui en produit 2,000, sont beaucoup plus utiles à la France qu'un soldat indigène qui coûte 1,000 francs d'entretien. La charge est plus lourde encore, si les habitudes guerrières fomentées par l'enrôlement compromettent la sécurité de la colonisation, et obligent à neutraliser le soldat musulman par un soldat français, enlevé à l'industrie et à l'agriculture : en bonne comptabilité, le débit est double en pareil cas. Mais dans le sens restreint où l'Empereur semble vouloir appliquer sa maxime, elle se rapproche de la vérité. Le fantassin kabyle et le cavalier arabe, veut-il dire, peuvent être utilement substitués dans nos troupes au fantassin et au cavalier français, qui restent dans leurs foyers. Economiquement, le calcul est juste, si les indigènes remplacent les nationaux, homme par homme, ce que contestent beaucoup d'officiers français, surtout pour ce qui regarde les spahis. Mais politiquement, pour le sentiment du devoir, de l'humanité, de l'honneur, pour le respect de la loi morale et politique, pour l'esprit général de l'armée, pour la sympathie que suscitent au dehors et au loin les troupes françaises, y a-t-il égalité entre les soldats français et les soldats africains? Nous ne pouvons le croire, où le christianisme et la civilisation ne seraient que de vains mots, subordonnés à l'art de charger un fusil et de manier un cheval. Dans l'une de nos assemblées un mot sinistre a retenti à propos de ces enrôlements, et quoiqu'il ait été désavoué, l'histoire autorise à le retenir, comme un avertissement à l'adresse des souverains aussi bien que des peuples.

Il nous est agréable de pouvoir donner une seconde fois notre adhésion au programme de l'Empereur sur le système de fortifications et de servitudes, dont il réclame la simplification et l'allégement. Nous admettons, il est vrai, avec une entière confiance, que les côtes de l'Algérie sont mises ou le seront à l'abri d'un coup de main, et que la défense des côtes sera organisée au moyen de bâtiments cuirassés. Nous regrettons seulement une des raisons invoquées. « En France nous avons de grandes places à terminer; nous avons même, en raison de la nouvelle artillerie, des fortifications à refaire. »

Soit; mais l'Algérie n'est-elle pas aussi la France, la France africaine, digne des mêmes dépenses — pourvu qu'elles soient utiles — que la France européenne?

## VI. Conclusion.

En examinant avec une respectueuse et loyale attention, avec le désir sincère d'avoir beaucoup à louer, les doctrines et les projets de l'Empereur sur l'Algérie, nous avons dû, à côté d'un grand nombre de critiques justes et de vérités de détail, relever un nombre plus considérable et surtout plus important d'erreurs théoriques et pratiques. La faute en est un peu à la rapidité des impressions de voyage, un peu plus aux sources, en partie troubles, où le chef de l'État a puisé ses informations, un peu encore à l'extrême difficulté pour un Européen, quel qu'il soit, qui n'a pas vécu de la vie de colon, de saisir les lois naturelles de la colonisation sous le ciel africain, au milieu d'un peuple qu'il ne connaît que par l'étude ou par des récits suspects. Le génie lui-même, dont la patience, a-t-on dit, constitue la meilleure part, ne pourrait entièrement suppléer à ce manque d'observations personnelles et prolongées.

Mais la cause fondamentale, hâtons-nous de le déclarer, des illusions que contient la lettre impériale, dérive de l'inaptitude native du pouvoir absolu à comprendre, à aimer, à gouverner les colonies. C'est la grande leçon de notre histoire coloniale. « Par une rencontre malheureuse, avons-nous dit ailleurs[1], la fondation des colonies françaises a coïncidé avec l'avénement du despotisme royal et de la centralisation administrative, tandis que les colonies anglaises ont eu la chance de naître et de grandir sous les auspices de la liberté métropolitaine. »

[1] *Les Colonies et la politique coloniale de la France*, p. 187.

Louis XIV et Colbert, qui avaient cependant si admirablement compris la nécessité, pour la grandeur et la richesse de la France, d'une vaste et lointaine colonisation, en méconnaissaient la première loi, la liberté d'action et de concert. Une instruction de Colbert au comte de Frontenac, gouverneur du Canada, contient cette curieuse confidence[1], sous la date du 13 juin 1673 :

« ... Il est bon que vous observiez que, comme vous devez toujours suivre, dans le gouvernement et la conduite de ce pays-là, les formes qui se pratiquent ici, et que nos rois ont estimé du bien de leur service depuis longtemps, de ne point assembler les états généraux de leur royaume, pour peut-être anéantir insensiblement cette forme ancienne, vous ne devez aussi donner que très-rarement, et pour mieux dire jamais, cette forme au corps des habitants du pays; il faudra même, avec un peu de temps, et lorsque la colonie sera encore plus forte qu'elle n'est, *supprimer insensiblement le syndic qui présente des requêtes au nom de tous les habitans, estant bon que chacun parle pour soi et* QUE PERSONNE NE PARLE POUR TOUS. »

Rarement le despotisme, s'appliquant à diviser pour mieux régner et tenant en haine tout accord des citoyens, ne s'est dévoilé avec plus de franchise.

Tant que vécut Louis XIV, ces règles de gouvernement furent tempérées par un esprit patriotique, qui soutint l'essor de la colonisation. Sous le long et honteux règne de Louis XV, elles prévalurent seules et les colonies furent livrées à la fois à la tyrannie et à l'abandon. Trop faibles pour résister par leurs seules forces, les plus belles tombèrent au pouvoir de l'Angleterre; les autres languirent dans une lutte inégale contre

[1] Rapportée par M. Pierre Clément, dans le tome III, IIe partie des *Lettres, mémoires et instructions de Colbert*, p. LXIX et 558.

l'autocratie des gouverneurs et l'iniquité de la métropole leur imposant un pacte dit *colonial*, tout à son avantage.

Le règne de Louis XVI s'honora par de meilleurs sentiments, qui ne se traduisirent cependant pas en meilleurs actes.

La République ouvrit aux colonies une ère nouvelle, en les admettant à la représentation politique comme parties intégrantes du territoire national ; mais le progrès fut entravé par l'excès de l'assimilation, et par une conduite mal assurée au sujet des hommes de couleur et des esclaves. La violence brisa ce que l'habileté eût dénoué. Après les premiers orages, les colonies respirèrent et reprirent foi dans l'avenir fondé sur la liberté.

Le général Bonaparte, premier Consul et Empereur, ne pouvait aimer les colonies, dont la défense absorbait une partie des forces qui lui étaient nécessaires sur le continent. En lui, la politique continentale et militante voilait d'ailleurs la valeur de la politique coloniale, par essence libérale et pacifique. Il rétablit l'esclavage, il rétablit la traite ; il voulut ramener Saint-Domingue sous le joug de la métropole, en même temps qu'il vendait la Louisiane, comprenant alors toute la vallée du Mississipi, aux États-Unis, pour la misérable somme de 80 millions, soit 35 centimes l'hectare, qui ne furent pas même payés en entier[1].

Avec la Restauration et la dynastie d'Orléans, la faveur revint aux colonies : l'Algérie fut conquise ; et des conseils coloniaux prirent part à l'administration des

[1] Le prix réel fut de 48 millions de francs, d'après M. Bigelow (*les États-Unis d'Amérique*, p. 73).

principales possessions : Bourbon, Martinique, Guadeloupe, la Guyane.

Sous la république de 1848, la faveur redoubla. Les députés de l'Algérie et des colonies furent admis dans nos assemblées politiques. L'abolition de l'esclavage fut proclamée; l'Algérie fut déclarée partie du territoire français.

Depuis le second Empire, l'indécision a de nouveau prévalu dans la politique coloniale du gouvernement, qui a retiré aux colonies à peu près toutes les libertés locales qu'elles avaient obtenues, et les a exclues du Corps législatif. L'abolition du pacte colonial et la plupart des autres mesures prises à leur égard, et d'une apparence libérale, sont faites au point de vue à peu près exclusif de la métropole. Après un vigoureux, mais éphémère effort vers une organisation libérale sous le gouvernement du prince Napoléon et de son successeur, l'Empire est revenu peu à peu à un système que l'on peut, pour l'appeler d'un nom approprié aux circonstances, qualifier de *césarisme colonial.*

Pour l'historien et l'admirateur de Jules César, cette qualification doit être un éloge; car à ses yeux César personnifie le génie vaste, la conception supérieure, l'initiative puissante, l'exécution ferme, le sentiment démocratique, la direction intégrale du progrès social, la providence universelle des peuples, la loi vivante pour le bien, l'apogée de la force et de l'autorité. Sous des noms moins heureux, mais qui ne manquent pas de grandeur, le *césarisme* s'appelle encore despotisme intelligent, patronage tutélaire, pouvoir populaire, autocratie souveraine.

Sans discuter hors de propos le rôle général du *césarisme* dans l'humanité, disons seulement qu'il a une bien petite place en matière de colonisation. Jeunes et vigoureux essaims, les colonies ont besoin d'expansion et non de compression, de liberté plus que d'autorité. Le *self-government* leur sourit. Animées, comme toutes leurs pareilles, de cet esprit d'indépendance et d'activité expansive, les nôtres font entendre trop souvent des doléances importunes. Par leur amour de vivre et de grandir dans la liberté, elles se placent hors de la tradition royale de l'ancien régime, hors de la tradition dynastique du premier empire. Et les colonies n'étaient déjà pas trop dans les tendances et les goûts de Napoléon III, qui écrivait le 14 juin 1841 [1] :

« Si la France était dans un état normal, le gouvernement pourrait se borner à répéter à ses administrés ces paroles du Seigneur : *Croissez et multipliez*. Il pourrait leur dire : Parcourez les mers, et partout où vous trouverez un rivage, continent, île ou rocher, implantez-y, comme germe d'une nouvelle civilisation, votre race intelligente et laborieuse.

« Malheureusement, dans l'état actuel de l'Europe, la France ne peut pas étendre, sans inconvénient, sa domination sur des points isolés, situés au bout du monde. Au lieu d'éparpiller ses forces, il faut qu'elle les concentre ; au lieu de prodiguer ses trésors, il faut qu'elle les ménage, car le jour peut arriver où elle ait besoin de tous ses enfants et de toutes ses ressources ; or, ces possessions lointaines, onéreuses en temps de paix, désastreuses en temps de guerre, sont une cause d'affaiblissement, au lieu d'être un germe de prospérité. »

L'Algérie, nous devons en prendre acte, méritait seule, à ses yeux, d'être conservée, ainsi que la Guyane.

[1] Dans le *Progrès du Pas-de-Calais*, article *Nos colonies dans l'océan Pacifique*, reproduit dans les *Œuvres de Napoléon III*, t. II, p. 3.

D'après la perspective d'une guerre européenne qui semble poindre dans la lettre impériale au duc de Magenta, les mêmes soucis occupent la pensée de Napoléon III, en 1865 comme en 1841 ; et de là tout son plan pour diminuer l'armée, restreindre la colonisation, compromettre les *maghzen* dans notre service, pacifier le pays en le rendant, sauf quelques territoires, aux Arabes, avec tout le cortége de biens et de faveurs qu'ils peuvent souhaiter.

En prévision de cette éventualité, une autre et meilleure solution se présentait : un vaste et rapide essor imprimé à la colonisation européenne, qui dominât les masses indigènes par les forces propres de la colonie. Ministres, généraux, hommes d'Etat, publicistes, colons sont depuis trente ans unanimes dans cette solution. Seul, l'Empereur l'écarte sans motif déclaré : ne serait-ce pas par éloignement instinctif pour les exigences libérales de toute colonisation? Plus vivement encore que les Français de France, les Français d'Algérie demandent :

1° La liberté municipale. — L'Empereur propose de faire des maires des fonctionnaires publics nommés et *salariés par l'Etat.*

2° La liberté provinciale. — L'Empereur propose d'accroître dans les conseils généraux l'élément musulman, d'une docilité muette, et ne prévoit pas l'élection des conseillers généraux.

3° La liberté politique, qui se résume essentiellement dans le droit d'être représenté par des députés au Corps législatif. — De ce vœu et de ce droit, l'Empereur ne laisse pas entrevoir l'heure, même dans le lointain le plus reculé.

4° La liberté de la presse. — L'Empereur recommande de la surveiller de plus près, mandat auquel ses délégués n'ont garde de manquer.

5° La liberté d'expansion territoriale. — L'Empereur resserre les colons dans un périmètre infranchissable.

6° La liberté des transactions immobilières. — L'Empereur l'annule par la consolidation de la propriété commune et indivise dans les tribus.

7° Une constitution promise par la charte de l'empire. — Elle n'est pas annoncée ; et l'Algérie reste soumise au régime des décrets, c'est-à-dire du pouvoir absolu.

On le voit : sur ce pivot de toute colonisation, la liberté, il y a opposition tranchée entre les vœux de l'Algérie française et les vues de l'Empereur, qui semble s'approprier, à deux siècles de distance, la doctrine de Colbert, sans la foi vive que Colbert avait dans l'utilité des colonies.

Voilà, croyons-nous, la clef de la politique impériale en Afrique, et, prise à sa source, l'inspiration première, instinctive autant que réfléchie, qui a dicté la lettre au gouverneur général de l'Algérie. C'est un symptôme nouveau de l'opposition qui existe en France, depuis deux siècles, entre l'esprit des gouvernements peu sympathique à l'essor colonial, sauf de courtes intermittences, et le génie colonisateur de la France porté au contraire aux rayonnements lointains, avec toutes les qualités qui assurent le succès : un nouvel épisode de la lutte entre la centralisation et la liberté.

Si, dans un prochain avenir, survenait une guerre européenne contre la France, et que l'Algérie n'eût à compter que sur la défense des *maghzen*, elle risquerait fort d'être prise par les Anglais, qui se l'approprieraient comme ils ont fait de l'Acadie, du Canada, de l'Inde, de Maurice, d'une partie des Antilles. Mais ce ne serait pas sans une héroïque défense des colons.

Si, au contraire, l'empire est la paix, au moins pour quelques années encore, les forces vives de la colonie auront acquis par leur propre vertu, et quelles que soient les fautes et les erreurs du gouvernement, une telle puissance, qu'elles résisteront aux ennemis du dedans comme à ceux du dehors. Toutes les bonnes mesures que l'Empereur projette auront produit leur effet, et les autres auront été annulées, corrigées, abrogées par la force des choses, les lois économiques s'imposant aussi bien que les lois physiques et mathématiques.

Aussi les amis de la colonisation algérienne assistent-ils, avec plus d'émotion que d'inquiétude, à la nouvelle expérience que l'Empereur va tenter! On a essayé quinze systèmes, dit la lettre, on a trop légiféré. — On en essayera un seizième et davantage; on décrétera encore bien des fois, jusqu'à ce qu'on adopte enfin le système vrai, celui que nous avons, d'après la voix publique, ainsi résumé :

UNION POLITIQUE ;
ÉMANCIPATION ADMINISTRATIVE ;
ASSIMILATION PROGRESSIVE.

Triple application de la devise de notre journal (*l'Economiste français*) : *Libre et harmonique essor des forces.* Alors l'Algérie sera ce qu'elle doit être :

Un royaume français et non un royaume arabe;
Une colonie française et non une colonie européenne;
Une garnison française et non un camp français.

Alors la paix y régnera, fondée sur ses vraies bases :

la famille monogame et fixe, la propriété privée, la vie municipale, la sécurité publique, la justice honnête, les libertés civile, politique et commerciale, l'initiation rédemptrice, le ralliement des races indigènes par le travail, le salaire et l'échange, le ferme développement des institutions civiles, en un mot, la civilisation par la colonisation.

Hors de ces grandes et fondamentales vérités, il n'y a point de vrai et solide progrès à espérer pour une colonie, pas plus que pour une métropole.

---

Nous avons résumé dans le tableau suivant les principaux traits de la condition politique, sociale et économique de l'Algérie, en 1830 et en 1865; le lecteur jugera si la France a manqué à sa mission.

# L'ALGERIE EN 1830 ET EN 1865.



| EN 1830. | EN 1865. |
|---|---|
| *Situation politique et sociale.* | *Situation politique et sociale.* |
| La ville d'Alger appartient aux Turcs. | La ville d'Alger appartient aux Français. |
| Les deys d'Alger prélèvent tribut sur la chrétienté presque entière. | La chrétienté tout entière est librement et amicalement admise à Alger. |
| Des esclaves chrétiens gémissent dans les bagnes d'Alger. | L'esclavage des chrétiens en Algérie n'est plus qu'un humiliant souvenir. |
| La piraterie menace la Méditerranée. | La sécurité règne sur la Méditerranée. |
| Des consuls européens, en petit nombre, résident à Alger, toujours sous le coup d'avanies. | Les consuls de toutes nations résident à Alger et y sont respectés. |
| La Régence tout entière est livrée à la barbarie. | L'Algérie tout entière est ouverte à la civilisation. |
| Le Croissant et l'étendard du Prophète, emblèmes de fanatisme cruel, couronnent tous les édifices. | La Croix et le drapeau de la France, emblèmes de dévouement et d'honneur, planent sur tous les monuments. |
| La Régence tout entière retentit du cri de haine aux *Roumis*. | L'Algérie tout entière est hospitalière pour les Européens, qui y résident au nombre de plus de 200,000. |

| | |
|---|---|
| Pachas et deys gagnent et perdent le pouvoir par la conspiration et l'assassinat. | Un gouvernement régulier, nommé et surveillé par la France, préside aux destinées de l'Algérie. |
| La milice turque est un ramassis de forbans recrutés dans la lie des peuples orientaux. | L'armée française est composée de soldats et d'officiers honorés du monde. |
| Le gouvernement turc a pour lois son caprice, pour instrument la terreur, pour mobile la cupidité, pour but la perpétuité de son joug. | Le gouvernement français a pour règles des lois et décrets, pour instrument une hiérarchie organisée, pour mobile et pour but le bien-être des indigènes autant que celui des colons. |
| Fonctionnaires turcs et indigènes achètent leurs places et se remboursent du prix par des exactions sur leurs administrés. | La vénalité des fonctions publiques est inconnue, ce qui rend inutiles les déprédations des fonctionnaires. |
| L'impôt se prélève par des *maghzen*, sans contrôle et sans mesure. — Il est absolument improductif, faute de travaux publics. | L'impôt est perçu suivant des procédés réguliers. — Il est reversé en grande partie dans le pays par les travaux publics et les dépenses administratives. |
| Les grands se livrent à des exactions sans frein. | Les exactions des grands sont contenues et punies. |
| Pour les indigènes il n'y a ni sécurité, ni paix, ni justice : anarchie et corruption générales. | Les indigènes jouissent de la sécurité, de la paix, de la justice : ils connaissent et admirent l'ordre. |
| Les tribus arabes se font une guerre incessante. | Les tribus arabes se respectent mutuellement. |
| L'assassinat et le vol sont des événements quotidiens, presque toujours impunis. | L'assassinat et le vol sont de rares accidents, rarement impunis. |

| | |
|---|---|
| L'esclavage dés noirs est commun. | L'esclavage des noirs est aboli. |
| La femme est partout méprisée, écrasée de travail. | La femme commence à être relevée par le moulin mécanique des corvées du moulin à bras. |
| L'enfance végète dans l'ignorance. | L'enfance est instruite dans des écoles et des collèges. |
| Les juifs sont avilis et opprimés. | Les israélites sont relevés et protégés. |
| *Situation économique.* | *Situation économique.* |
| Production, circulation languissantes. | Production et circulation décuplées. |
| Canaux et barrages mal construits et mal entretenus. | Canaux et barrages bien construits et bien entretenus. |
| Capitalisation des épargnes indigènes nulle. | Épargnes indigènes importantes, employées en achats de terres, de bestiaux, d'instruments de culture, en constructions et en plantations. |
| Thésaurisation de la monnaie, enfouissement des grains. | Circulation des monnaies et des grains assurée. |
| Travail salarié nul. | Travail salarié abondant. |
| Misère universelle de la moyenne et petite classe. | Aisance chez tous ceux qui veulent travailler. |
| Ni routes, ni ponts, ni ports, ni phares. | Routes, chemins de fer, ponts, phares. |
| Commerce extérieur avec l'Europe à peu près nul : 2 à 3 millions de francs par an... | Commerce avec l'étranger, y compris les entrepôts de France, 47 millions :<br>Dont pour l'exportation d'Algérie............... 28 millions<br>Et pour l'importation en Algérie............... 19 — |

| | |
|---|---|
| Commerce avec la France à peu près nul : quelques cargaisons de blé et de laine à la Calle. | Commerce spécial avec la France, 205 millions :<br>Dont pour l'exportation d'Algérie............... 76 millions<br>Et pour l'importation en Algérie................ 120 —<br>Commerce général avec la France (comprenant les entrepôts); total, 218 millions :<br>Dont pour l'exportation d'Algérie............... 76 millions<br>Et pour l'importation en Algérie................ 142 —<br>Ces chiffres assignent à l'Algérie :<br>Le onzième rang pour l'importation en France ;<br>Le septième rang pour l'exportation de France ;<br>Le huitième rang pour l'ensemble du commerce. |
| Navigation avec la France et l'Europe proportionnelle au commerce, c'est-à-dire à peu près nulle. | Navigation entre l'Algérie et l'Europe, 681,827 tonneaux :<br>Dont avec la France.... 429,739 tx.<br>Et sous pavillon français 551,377 —<br>Chiffres qui donnent à la navigation entre l'Algérie et la France le troisième rang pour le tonnage et pour le pavillon français, dans l'ensemble de la navigation française. |
| En un mot : la Régence était un État BARBARESQUE, honte et menace pour l'Europe. | En un mot, l'Algérie est un État CIVILISÉ, force et honneur pour la France. |

# NOTES.

## NOTE A (PAGE 5).

### SUR UN CORRESPONDANT DE L'EMPEREUR.

Pour tout lecteur au courant des hommes de la province d'Oran, la personnalité de M. Cusson était transparente derrière ces indications de la lettre reproduite (page 12 de la lettre impériale) :

Résidence en Algérie depuis vingt-huit ans, comme militaire et comme civil ;

Séjour de plusieurs années auprès d'Abd-el-Kader ;

Voyage fait en 1861 et 1862 au Maroc et dans les ksours du sud, à l'aide d'un subside du gouverneur général.

L'identité a acquis la plus absolue certitude par la reproduction qu'a faite l'*Echo d'Oran* (nº du 31 août 1865) d'un article publié dans le *Courrier d'Oran* le 9 août 1861, et signé CUSSON. Mêmes idées, mêmes expressions ; phrases entières à peine retouchées.

Au surplus, voilà dix semaines que j'ai affirmé cette identité dans l'*Economiste français*, numéro du 23 novembre 1865, et j'attends encore un démenti.

## NOTE B (PAGE 32).

### ARABES ET KABYLES.

Maintes fois signalé et décrit, le contraste entre Arabes et Kabyles doit être encore une fois établi par des faits certains, puisqu'il a échappé à la pénétration de l'Empereur.

Voici une citation empruntée aux articles sur la Kabylie qu'a publiés, en 1865, dans la *Revue des Deux Mondes*, le prince Nicolas Bibesco, officier de la légion étrangère :

« Nous avons insisté déjà sur les différences profondes de caractère qui séparent le Kabyle de l'Arabe. De ces différences résulte une hostilité qui s'accuse par de curieux exemples : à l'école de Tizi-Ouzou, qui compte des fils de cavaliers arabes mêlés à des enfants kabyles, les deux camps sont très-distincts, et volontiers se battent au sortir de l'école. En novembre dernier, nous avons vu nous-même, dans la vallée de l'Oued-Sahel, cinq cents Kabyles de Bougie et cinq cents Arabes de Sétif conduire ensemble un convoi de mille mulets chargés de vivres à destination de Bou-Saâda ; les Kabyles ne consentaient pas à marcher mêlés aux Arabes, ils voulaient aller en tête ou en queue du convoi, n'importe, pourvu qu'ils restassent seulement entre Kabyles. Sur quelques reproches que leur firent quelques spahis arabes de Sétif, les muletiers kabyles vinrent se plaindre à l'officier français, chef de la colonne. « Nous « avons promis de porter des vivres jusqu'à Bou-Saâda, lui « dirent-ils ; nous sommes gens de parole, si tu n'es pas con- « tent de nous, punis-nous, fais-nous punir par nos spahis de « Bougie, mais nous n'en reconnaissons pas le droit aux Ara- « bes ; ce n'est pas notre race, et nous n'avons rien de commun « avec eux. » L'hostilité a dû s'accroître, on le sent, depuis que les Kabyles djurjuriens ont refusé de prendre part à l'insurrection : pour l'Arabe rebelle, le Kabyle est devenu « un juif « qui oublie sa religion et n'ose plus faire la guerre sainte ; » pour le montagnard, « l'Arabe n'est qu'un sot qui oublie son « intérêt et ne songe pas que la France a la main longue. » (*Revue des Deux Mondes*, livraison du 15 avril 1865, p. 968.)

FIN.

www.ingramcontent.com/pod-product-compliance
Lightning Source LLC
Chambersburg PA
CBHW070304290326
41930CB00040B/2116

*9782013521178*

www.ingramcontent.com/pod-product-compliance
Lightning Source LLC
Chambersburg PA
CBHW070304290326
41930CB00040B/2086

*9782013528351*